Curso comunicativo
de español
para extranjeros

Esto
funciona
B

Primera edición: 1986
Segunda edición: 1987
Tercera edición: 1988
Cuarta edición: 1989
Quinta edición: 1993
Sexta edición: 1994
Séptima edición: 1995
Primera reimpresión: 1996
Segunda reimpresión: 1997
Tercera reimpresión: 1998
Cuarta reimpresión: 1999

© Equipo Pragma
  EDELSA Grupo Didascalia, S.A.
  Madrid 1989

ISBN: 84-8578-696-3
Depósito legal: M-16852-1999
Impreso en España
Talleres Gráficos Peñalara, S. A.
Encuaderna - Perellón

**Curso comunicativo
de español
para extranjeros**

Esto
funciona

B

Equipo Pragma:
Lourdes Miquel López
Neus Sans Baulenas
Terencio Simón Blanco
Marta Topolevsky Bleger

Diseño gráfico y portada:
Viola & París

Ilustraciones:
Romeu
Mariel Soria

Técnico de grabación:
Joan Vidal

GRUPO DIDASCALIA, S.A.
Plaza Ciudad de Salta, 3 - 28043 MADRID - (ESPAÑA)
TEL.: (34) 914.165.511 - FAX: (34) 914.165.411

TÍTULO DE LA UNIDAD	SITUACIONES TEMAS		SE DICE ASÍ
6. **No ponga esa cara, hombre.**	– En el hospital.	– Hablar del estado de salud (2.1) – Interesarse por el inicio de una enfermedad o de un accidente (2.2.) – Expresar alegría o satisfacción (2.3.) – Expresar dolor (2.4.) – Expresar miedo o preocupación (2.5.) – Dar ánimos y tranquilizar (2.6.) – Expresar esperanza (2.7.) – Para intensificar una valoración, un sentimiento o el relato de una experiencia (2.8.)	– Aconsejar (2.9.) – Advertir de un peligro (2.10) – Pedir favores (2.11) – Ofrecerse para realizar una acción (2.12.) – Expresar condiciones: condición improbable o inexistente (2.13.) – Expresar finalidad (2.14.) – Marcar el límite de una acción (2.15.)

7.
¿Y esto para qué sirve?
	– Comprando electrodomésticos.	– Expresar condiciones (2.1.)
		  – Condición mínima para que pueda realizarse algo (2.1.1.)
		  – Condición excepcional (2.1.2.)
		  – Condición referida a la manera de realizar algo (2.1.3.)
		– Expresar la necesidad de hacer algo o de un objeto (2.2.)
		– Intentar convencer aludiendo a las cualidades de algo (2.3.)
		– Recomendar (2.4.)
			– Hablar de las diferencias entre las cosas (2.5.)
			– Ceder la elección a otro (2.6.)
			– Dispensar de hacer algo (2.7.)
			– Solicitar la confirmación de una opinión (2.8.)
			– Preguntar por la propiedad o autoría (2.9.)
			– Preguntar por el funcionamiento de algo (2.10.)
			– Expresión de simultaneidad (2.11.)

8.
¿Y cómo acabó la cosa?
	– En la redacción de "Esto hay hoy".	– Relatar (2.1.)
		  – Referencia a un momento del día (2.1.1.)
		  – Referencia a una etapa de la vida (2.1.2.)
		  – Marcar el momento del inicio de una acción (2.1.3.)
		  – Hablar del tiempo que se invierte para llegar a realizar algo (2.1.4.)
		  – Hablar de la realización inminente de una acción (2.1.5.)
			– Hablar del tiempo que debe transcurrir para la realización de algo (2.1.6.)
			– Hablar de la duración de una actividad (2.1.7.)
			– Hablar de la frecuencia (2.1.8.)
			– Hablar de acciones que suceden repentinamente (2.1.9.)
			– Relacionar dos acciones o momentos (2.1.10.)
			– Relacionar dos acciones pasadas: la más reciente respecto a otra anterior (2.1.11.)

9.
¿Tú por aquí?
	– En las fiestas del pueblo.	– Hablar de las personas (2.1.)
		  – De los parecidos (2.1.1.)
		  – De los cambios (2.1.2.)
		  – De las diferencias de edad (2.1.3.)
		  – Del origen de una relación (2.1.4.)
		  – De las apariencias (2.1.5.)
		  – Identificar a alguien (2.1.6.)
		– Expresar nostalgia (2.2.)
		– Al encontrar a alguien que hace tiempo que no se ve (2.3.)
		– Decir a alguien que exagera (2.4.)
			– Poner énfasis en una persona (2.5.)
			– Expresar hipótesis (2.6.)
			– Decir que se ha olvidado de algo (2.7.)
			– Cortar una conversación (2.8.)
			– Invitar a tomar algo, aceptar y rechazar (2.9.)
			– Recriminar (2.10.)
			– Disculparse, culpando a otro (2.11.)

10.
¿Y a ustedes les parecer normal?
	– En la sede central de "Rumatesa".	– Juzgar, valorar (2.1.)
		  – Sobre la normalidad de una información o acontecimiento (2.1.1.)
		  – Sobre la conveniencia de una actividad (2.1.2.)
		  – Sobre la importancia de una actividad (2.1.3.)
		– Mostrar interés por el contenido de una información anunciada (2.2.)
		– Lamentarse o reprochar (2.3.)
		– Expresión de deseos (2.4.)
			– Preguntar/Informar sobre el tema de algo (2.5.)
			– Para indicar que se ha malinterpretado (2.6.)
			– Expresar hipótesis (2.7.)
			– Preguntar por las consecuencias de una hipótesis (2.8.)
			– Expresar condiciones (2.9.)
			– Interpretar las palabras de otro (2.10)
			– Para marcar un contraste (2.11.)

	Usos del subjuntivo	Seguir + gerundio. Dejar de + infinitivo
	– Usos del subjuntivo: expresión de sentimientos (4.1.) – Usos del subjuntivo: hipótesis (4.2.) – Usos del subjuntivo: aconsejar (4.3.) – Usos del subjuntivo: querer (4.4.) – Usos del subjuntivo: ojalá (4.5.) – Usos del subjuntivo: para (4.6.) – Usos del subjuntivo: como si (4.7.) – Usos del subjuntivo: hasta (4.8.) – Si... (4.9.)	– Seguir + gerundio. Dejar de + infinitivo (4.10.)
– Garantizar la veracidad de algo o comprometerse a realizar algo (2.12.)	– Usos del subjuntivo: expresión de la condición (4.1.) – Usos del subjuntivo: necesitar (4.2.) – Usos del subjuntivo: dejar la decisión al otro interlocutor (4.3.) – El superlativo (4.4.) – La involuntariedad (4.5.) – Qué/Cuál (4.6.)	
– Hablar de una fecha determinada (2.1.12.) – Hablar de acciones habituales (2.1.13.) – Hablar de una acción que se interrumpe, que no llega a realizarse (2.1.14.) – Proponer una actividad para realizarla conjuntamente (2.2.) – Asignar tareas simultáneas (2.3.) – Disculparse (2.4.)	– Usos de subjuntivo: partículas temporales (4.1.) – Mientras/mientras tanto (4.2.) – Imperfecto de indicativo: acción no cumplida (4.3.) – Uso del subjuntivo: perdonar (4.4.) – Pluscuamperfecto de indicativo (4.5.) – Llevar + infinitivo/llevar + gerundio (4.6.) – Estar a punto de/Acabar de (4.7.)	
– Preguntar si está libre una mesa o un asiento (2.12.) – Para cambiar de tratamiento (2.13.)	– Usos del subjuntivo: hipótesis (4.1.) – Frases relativas con preposición (4.2.) – Énfasis con el verbo SER (4.3.) – Quedar (4.4.)	
	– Usos del subjuntivo: valoración de acciones (4.1.) – Pluscuamperfecto de subjuntivo (4.2.) – Condicional compuesto (4.3.) – Usos del subjuntivo: condición no realizada en el pasado (4.4.) – Partículas condicionales (4.5.) – Usos del subjuntivo: gustaría (4.6.) – Usos del subjuntivo: hipótesis (4.7.)	

SIGNOS CONVENCIONALES

○ , ● ,...:   código de interlocutores.

Cajas blancas: incluyen los exponentes nuevos de las funciones que articulan la unidad.

Cajas azules: categorías léxico-gramaticales que pueden usarse.

Caja abierta: indica la posibilidad de ampliar la lista con elementos equivalentes que el alumno ya conoce o que necesite, según criterio del profesor o demanda del grupo.

Caja cerrada: se restringe la posibilidad anterior, bien por contener un inventario cerrado, bien por exigencias didácticas.

                           – En el **apartado 2** no todos los elementos de las cajas son combinables. Cuando esto sucede, deberá leerse el primer elemento de la primera caja con los primeros de las siguientes y así sucesivamente.

Llaves: señalan la posibilidad de elegir entre varias opciones, incluido el caso de dos o más exponentes de una misma función.

Paréntesis: señala que un elemento no tiene que estar obligatoriamente presente.

Flecha: indica el orden de posibles combinaciones de elementos.

Remisión a otra función o noción: en ocasiones la realización de una determinada función va indisolublemente ligada a otra o a una noción general, lo que se señala con una caja con el título de la misma.

6

NO PONGA ESA CARA, HOMBRE

1. ¿Qué me cuentas?

En el hospital

● Me alegro mucho de que se encuentre mejor. Mire, le he traído este libro para que se distraiga.
○ No hacía falta que se molestara. Le agradezco que haya venido.

● Usted, cuando esté en casa, se toma estas pastillas una en cada comida y se pone un supositorio antes de acostarse. No se olvide de tomar agua en ayunas.

● No te puedes imaginar qué noche he pasado. Suerte que me dieron un calmante, que si no... Luego me dormí pero hasta que me hizo efecto...
○ ¿Y ahora qué?
● Pues la verdad es que me sigue doliendo un poco la herida pero, al menos, he dejado de tener náuseas.

● Nada, me ha dicho que probablemente sea a consecuencia de un resfriado mal curado.

SE PROHIBE LA ENTRADA DE NIÑOS EN ESTA SALA.

● ¿Y dónde le duele?
○ Por aquí. Noto como un pinchazo muy fuerte al moverme.
● A ver... Túmbese y respire hondo. Ahora no respire, aguante el aire... ¿Y si le aprieto aquí?
○ ¡Huy! ¡Sí...! ¡Qué daño!

● ¿Te puedo pedir un favor?
○ Sí, claro, lo que quieras.
● Mañana tráeme algo de comer que, como sólo me dan sopa, me muero de hambre.

● A ver... Póngase boca abajo y no ponga esa cara, hombre.
○ Lo que más miedo me da es que me pongan inyecciones.
▲ No seas miedoso. Si es un pinchazo y ya está...

126

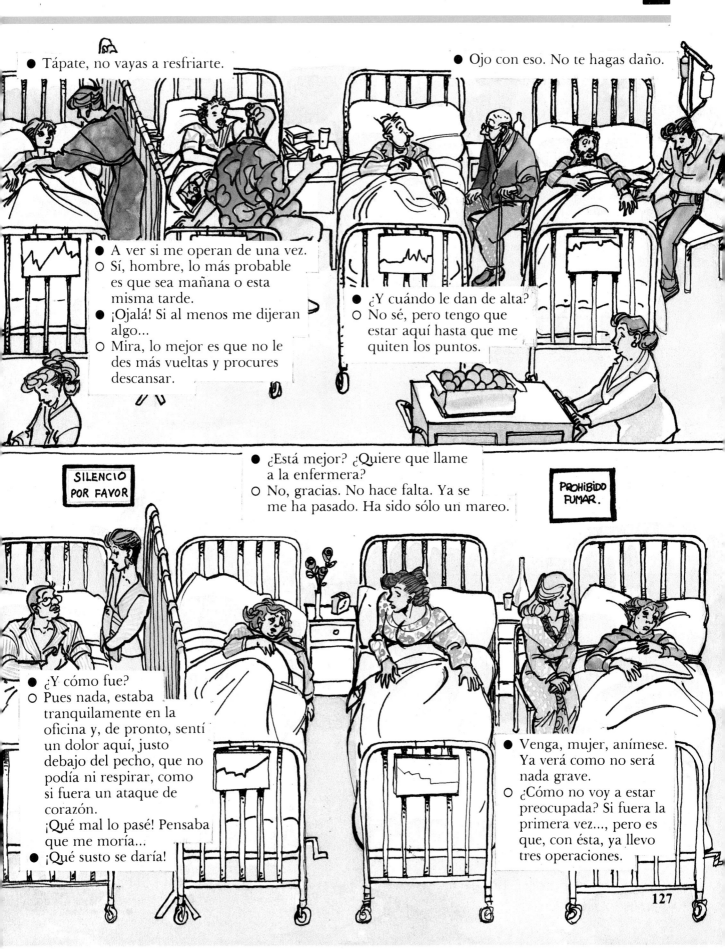

2. Se dice así

2.1. Hablar del estado de salud

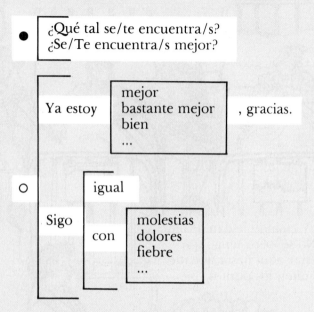

- ¿Qué tal se/te encuentra/s?
  ¿Se/Te encuentra/s mejor?

○ Ya estoy | mejor
bastante mejor
bien
... | , gracias.

○ Sigo | igual
con | molestias
dolores
fiebre
...

2.2. Interesarse por el inicio de una enfermedad o de un accidente

¿Y CÓMO FUE?

PUES IBA YO TRANQUI-LAMENTE CONDUCIENDO Y, DE PRONTO, POR LA DERECHA...

- ¿ (Y) cómo | fue
se/te lo hizo/hiciste | ?

○ Relato

2.3. Expresar alegría o satisfacción.

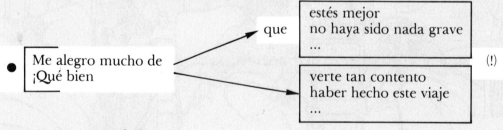

- Me alegro mucho de
  ¡Qué bien

que | estés mejor
no haya sido nada grave
...

verte tan contento
haber hecho este viaje
...

(!)

2.4. Expresar dolor

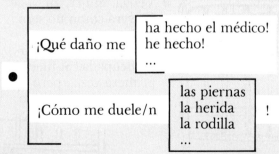

- ¡Qué daño me | ha hecho el médico!
he hecho!
...

¡Cómo me duele/n | las piernas
la herida
la rodilla
... | !

2.5. Expresar miedo o preocupación

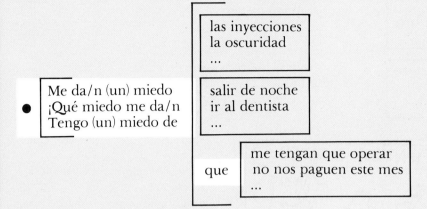

● **Me da/n (un) miedo**
  ¡Qué miedo me da/n
  Tengo (un) miedo de

- las inyecciones / la oscuridad / ...
- salir de noche / ir al dentista / ...
- **que** me tengan que operar / no nos paguen este mes / ...

2.6. Dar ánimos y tranquilizar

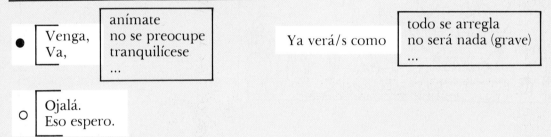

● **Venga,** / **Va,**
  anímate / no se preocupe / tranquilícese / ...

Ya verá/s como
  todo se arregla / no será nada (grave) / ...

○ Ojalá. / Eso espero.

2.7. Expresar esperanza

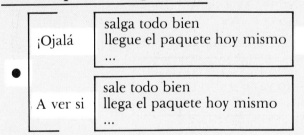

● **¡Ojalá**
  salga todo bien / llegue el paquete hoy mismo / ... **!**

  A ver si
  sale todo bien / llega el paquete hoy mismo / ...

2.8. Para intensificar una valoración, un sentimiento o el relato de una experiencia

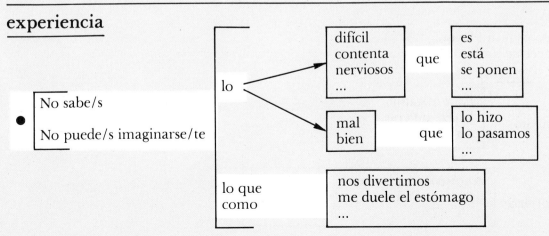

● **No sabe/s**

  No puede/s imaginarse/te

  lo
  - difícil / contenta / nerviosos / ... **que** es / está / se ponen / ...
  - mal / bien **que** lo hizo / lo pasamos / ...

  lo que / **como**
  nos divertimos / me duele el estómago / ...

2.9. Aconsejar

- | Lo mejor es que | bebas menos
hables con Arturo
... |

  | Debería/s
Procure/a
Intente/a | hablar con Arturo
beber menos
... |

TENDRÍAS QUE REGAR LAS PLANTAS, ¿NO CREES?

2.10. Advertir de un peligro

- | ¡Ojo
¡(Ten/tenga) cuidado | con | la lámpara
esas tijeras
... | ! |

  | No te hagas daño
No te cortes
... |

  | No vayas a hacerte daño
No vayas a cortarte
... |

2.11. Pedir favores

- ¿Le/te puedo pedir un favor?
¿Puede/s hacerme un favor?

- Sí, | claro
por supuesto | , | dime/dígame.
lo que quieras.
no faltaría más. |

- | ¿Podría/s
¿Te/le importaría | acercarme esa bolsa
pasar un momento por mi despacho
... | ? |

2.12. Ofrecerse para realizar una acción

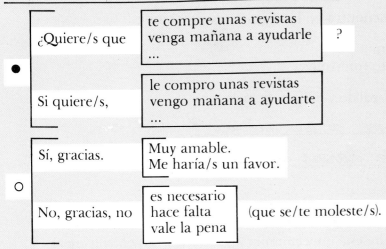

¿Quiere/s que	te compre unas revistas venga mañana a ayudarle ...	?
Si quiere/s,	le compro unas revistas vengo mañana a ayudarte ...	

Sí, gracias.	Muy amable. Me haría/s un favor.
No, gracias, no	es necesario hace falta (que se/te moleste/s). vale la pena

2.13. Expresar condiciones: condición improbable o inexistente

| Si | hiciera buen tiempo
fuera más joven
... | , | iría a dar una vuelta
le sería más fácil encontrar trabajo
... | pero | con este tiempo...
a los 50 años...
... |

2.14. Expresar finalidad

| Tómese estas pastillas
Salid ahora mismo
... | para | que | le baje la fiebre
no os tengan que esperar
... |
| | | | relajarse
poder llegar puntuales
... |

2.15. Marcar el límite de una acción

| Piensan quedarse ahí
Estuvieron en casa de los Miranda
... | hasta | que | se mejore el abuelo
encontraron piso
... |
| | | | el verano
el domingo
... |

3. Y ahora tú

3.1.

Ofrece ayuda a tu compañero que se encuentra en las siguientes situaciones:

● tú
○ tu compañero

Se ha mareado. Está muy pálido y tiene muy mala cara.

● *¿Quieres que llame a un médico?*
○ *Sí, gracias. Me harías un favor.*

1. La llave de su casa no le abre.
2. Ha tenido un pinchazo y está en la carretera.
3. Hablas por teléfono con él y te dice que está muy deprimido.
4. Lo han llamado para decirle que su madre está muy enferma y tiene que ir urgentemente al hospital.
5. Tu compañero está muy triste y te da pena que se quede solo esta noche.

3.2.

Tu compañero tiene problemas. Aconséjale lo que creas mejor:

● tu compañero
○ tú

Está muy cansado y tiene mucho sueño.

● *¡Qué cansado estoy! No puedo más.*
○ *Deberías dormir más. No puede ser que sólo duermas cuatro horas diarias.*

1. Se ha peleado con su novia por una tontería.
2. Le duele una muela.
3. Está preocupado porque no encuentra trabajo.
4. Sus hijos van a un colegio que no le gusta.
5. Vive en un barrio muy alejado del centro y siempre llega tarde a los sitios.

3.3.

Pídele a tu compañero que te haga una serie de favores:

● tú
○ tu compañero

● Necesitas echar unas cartas pero tienes que quedarte en casa porque esperas una llamada de teléfono.

● *¿Puedes hacerme un favor?*

○ *Sí, dime.*

● *¿Te importaría echar estas cartas al pasar por un buzón? Es que estoy esperando una llamada.*

○ *Sí, claro, no faltaría más.*

1. ● Necesitas comprar algunas cosas en el supermercado pero te duele mucho la espalda.
2. ● Necesitas ir a la otra punta de la ciudad lo más rápidamente posible y no tienes coche y tu compañero, sí.
3. ● Necesitas llevarle unos documentos a un abogado pero no puedes porque tienes que ir a recoger a los niños al colegio.
4. ● Necesitas colgar unos cuadros en tu casa y solo no puedes.
5. ● Necesitas una traducción de una carta que está en una lengua que no conoces y tu compañero, sí.

3.4.

Tú y tu compañero estáis ante estas situaciones. Expresad deseos (ya veréis cómo otro compañero os anima):

● tú
○ tu compañero
▲ otro compañero

Necesitáis el coche urgentemente y está en el taller. No sabéis si os lo tendrán para mañana.

● *¡Ojalá lo tengan para mañana!*

○ *Sí, a ver si nos lo arreglan rápido.*

▲ *Sí, hombre, sí. Ya veréis como os lo arreglan enseguida.*

● *Eso espero.*

1. Habéis hecho un examen para entrar en una empresa y no sabéis como os ha ido, pero os interesa mucho ese trabajo.
2. Esta tarde vas a buscar el resultado de unos análisis porque, tal vez, te tienen que operar.
3. Estáis en el aeropuerto y acaban de anunciar que vuestro avión saldrá con retraso. No podéis llegar tarde a la reunión a la que vais.
4. Vais a jugar un partido de tenis contra los jefes de vuestra empresa. Tenéis muchas ganas de ganarles.
5. El propietario de vuestro piso os quiere echar para poder venderlo, pero todavía no es seguro.

3.5.

Eres uno de estos personajes. Explícale a tu compañero lo que te pasó:

● tu compañero
○ tú

● *¿ Y cómo fue ?*

○ *Pues, el otro día...*

- miércoles tarde
- calle en obras
- trozo de madera en el suelo
- caída
- mucho daño en el tobillo
- taxi
- clínica
- yeso hasta el día 18
- ahora, bien

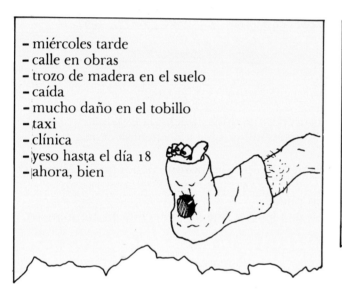

- el otro día
- bicicleta
- caída
- golpe en la cabeza
- herida muy grande
- quince puntos

- anoche
- fiesta de aniversario de bodas de Paco y de Lucía
- muchas ostras
- calor, vino...
- noche horrible vomitando
- ahora, muy mal

- domingo pasado
- dolor muy fuerte de barriga
- fiebre
- médico de urgencias
- apendicitis
- ambulancia
- ingreso en urgencias
- operación a las 23'30 h.
- ahora, mejor
- todavía un poco de fiebre

¿Y tú?
¿Has tenido algún accidente? ¿Te han operado alguna vez?
Explícale a tu compañero cómo fue.

3.6.

Te encuentras ante estas situaciones, explícaselas a tu compañero:

● tú
○ tu compañero

● Has tomado un vaso de ginebra y estás mareado.
○ Tomas normalmente alcohol y no te pasa nada.

● *Estoy mareadísimo y solo he tomado un vaso de ginebra.*
○ *¿Ves? Si bebieras como yo, no te pasaría nada, pero como no bebes...*

1. ● Has estado todo el día sentado trabajando y te duele mucho la espalda.
   ○ Tú también has trabajado pero cada día haces deporte y te encuentras muy bien.

2. ● Estás muy nervioso porque tienes que coger un avión y nunca has cogido ninguno.
   ○ Coges aviones normalmente y nunca tienes miedo.

3. ● No te queda dinero porque te gusta mucho salir e invitar a tus amigos.
   ○ Sales de vez en cuando y siempre tienes dinero a final de mes.

4. ● Estás de mal humor porque tienes que ir a casa de tu jefe para ayudarle a terminar un trabajo.
   ○ Nunca trabajas cuando sales de la oficina y tienes mucho tiempo libre.

5. ● Te has hecho daño en una mano arreglando la moto y te duele mucho.
   ○ Tú siempre la llevas al taller.

3.7.

**Estas situaciones te producen una sensación de miedo o preocupación.
Explícaselo a tu compañero. El intentará tranquilizarte.**

Vais a llegar tarde a una cita muy importante con el Sr. Sáiz. A lo mejor está enfadado.

● *Me da miedo que el Sr. Sáiz se haya enfadado.*
○ *No, hombre, ya verás como no.*

1. Estáis haciendo cola para comprar entradas para un concierto. Hay mucha gente y ya están a punto de cerrar.
2. Estáis en una reunión de la que no os podéis marchar. Dentro de una hora sale el último vuelo del día.
3. Te das cuenta de que no llevas el reloj. No sabes dónde está: si lo has perdido, lo has dejado en algún lugar o te lo han robado.
4. Estáis en un restaurante. Tú tienes que pagar. El restaurante parece muy caro y no llevas mucho dinero.
5. Le has comprado a una amiga una chaqueta pero ahora te parece un poco pequeña.

3.8.

¡Eh! ¡Ojo! ¡Cuidado! Estos niños están en peligro. Avisa a los padres.

● <u>¡Ojo! ¡Cuidado con la niña! No se vaya a caer. No deberías dejarla sola cuando baja las escaleras.</u>

4. ¡Ojo!

4.1. Usos del subjuntivo: expresión de sentimientos

Alegría

Preocupación

Agradecimiento

| Me alegro (mucho) de |
| ¡Qué bien |
| Tengo miedo de | + que + SUBJUNTIVO (!)
| Me da miedo |
| Le agradezco |

Ej.: Me alegro mucho de que todos estéis bien.

¡Qué bien que hayáis venido!

Tengo miedo de que me tengan que operar.

Me da miedo que me pongan inyecciones.

Le agradezco que haya llamado.

4.2. Usos del subjuntivo: hipótesis

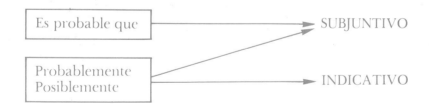

Es probable que ────────→ SUBJUNTIVO

Probablemente
Posiblemente ────────→ INDICATIVO

Ej.: Es probable que no haya llegado aún.

Probablemente nos llame/llamará mañana.

Posiblemente estará/esté en casa.

4.3. Usos del subjuntivo: aconsejar

| Lo mejor es que |
| Es mejor que | + PRESENTE DE SUBJUNTIVO

Ej.: Lo mejor es que vayas tú.

Es mejor que te acuestes, estás agotado.

4.4. Usos del subjuntivo: querer

Ej.: ¿<u>Quieres</u> que <u>llame</u> a Eladio?
    (tú)   (yo)

Sujetos diferentes: Querer + que + SUBJUNTIVO

Ej.: <u>Quiero</u> <u>ir</u> al teatro esta noche.
  (yo) (yo)

El mismo sujeto: Querer + INFINITIVO

4.5. Usos del subjuntivo: ojalá

Ojalá + SUBJUNTIVO

Ej.: Ojalá <u>salga</u> pronto de aquí.

Ojalá <u>fuera</u> él.

4.6. Usos del subjuntivo: para

Ej.: Les <u>voy</u> a llamar para que <u>estén</u> tranquilos.
    (yo)   (ellos)

Sujetos diferentes: Para + que + SUBJUNTIVO

Ej.: <u>Tómate</u> esto para <u>relajarte</u>.
   (tú)   (tú)

El mismo sujeto: Para + INFINITIVO

4.7. Usos del subjuntivo: como si

Como si + IMPERFECTO DEL SUBJUNTIVO

Ej.: Se quieren como si <u>fueran</u> hermanos.

4.8. Usos del subjuntivo: hasta

Expresión del límite de una acción futura

Hasta que + ┌─────────────┐
             │ SUBJUNTIVO │
             └─────────────┘

           Ej.: Estaremos aquí hasta que <u>vengan</u>.

Expresión del límite de una acción pasada o habitual

Hasta que + ┌─────────────┐
             │ INDICATIVO │
             └─────────────┘

           Ej.: Estuvimos esperando hasta que <u>llegaron</u>.

           No me acuesto nunca hasta que <u>termina</u> la tele.

¡OJO! Si el sujeto es el mismo hay dos posibilidades:

Ej.: <u>Nos quedaremos</u> aquí hasta <u>terminar</u> el informe.   Hasta + ┌──────────────┐
     (nosotros)   (nosotros)   │ INFINITIVO   │
                                                           └──────────────┘

     <u>Nos quedaremos</u> aquí hasta que <u>terminemos</u>.   Hasta que + ┌────────────────────────────┐
                                                            │ INDICATIVO O SUBJUNTIVO   │
                                                            └────────────────────────────┘

4.9. Si...

┌──┐
│ SI + IMPERFECTO DE SUBJUNTIVO + CONDICIONAL   │
└──┘

Condición que no puede realizarse ni en el presente ni en el futuro

Ej.: (Es mujer, no le van a dar el cargo de director general)
     Si <u>fuera</u> un hombre, seguro que se lo <u>darían</u>.

Condiciones de realización poco probables

Ej.: (Probablemente no adelgazará)
     Si <u>adelgazara</u> unos cuantos kilos, me <u>compraría</u> ese vestido.

4.10. Seguir + gerundio. Dejar de + infinitivo

5. Dale que dale

5.1.

Ofrece ayuda o cosas de otra manera:

> ¿Voy a buscar a Eugenio?
>
> *¿Quieres que vaya a buscar a Eugenio?*

1. ¿Vamos a buscar el pan?
2. ¿Le doy algún recado al Sr. Yáñez?
3. ¿Te acompaño a casa en coche?
4. ¿Llevamos algo a la fiesta?
5. ¿Me quedo un rato más con los niños?

6. ¿Saco las entradas esta tarde?
7. ¿Reservo habitación en Valencia?
8. ¿Te ayudo a arreglar esto?
9. ¿Le dejo una paga y señal?
10. ¿Le hago una fotocopia de estos documentos?

5.2.

Di lo mismo usando para o para que:

> Ve rápido.
> Así no te tendrán que esperar.
>
> *Ve rápido para que no te tengan que esperar.*

1. Lo llamé al llegar a Cádiz.
   Así no se puso nervioso.

2. Póngase estas inyecciones.
   Así le bajará la fiebre.

3. Nos vamos a reunir en casa de Adolfo.
   Así cabremos todos.

4. Fui a casa de Jacinto.
   Así no estuvo toda la tarde solo.

5. Será mejor explicárselo.
   Así no podrá enfadarse.

6. Lleva el traje a la tintorería hoy.
   Así te lo tendrán para mañana a primera hora.

7. Le mando estos artículos publicados en mi país.
   Así estará informado de lo que estamos haciendo.

8. Le volveremos a llamar esta tarde.
   Así no se olvidará de que hemos quedado el viernes.

9. Me fui con tiempo al aeropuerto.
   Así no tuve que esperar en el Puente Aéreo.

5.3.

Transforma las frases usando seguir + gerundio o dejar de + **infinitivo:**

Todavía me duele esta muela.

Me sigue doliendo esta muela.

¿Ya no fumas?

¿Has dejado de fumar?

1. ¿Todavía viven juntos?
2. ¿Ya no sale con Toni tu hermana?
3. Todavía trabaja con el Dr. Benítez.
4. ¿Ya no tocas la trompeta?

5. ¿Todavía estudia japonés con aquel profesor tan majo?
6. Ya no me interesa este tipo de literatura.
7. ¿Todavía tiene clientes en Italia su empresa?
8. Ya no pasan los fines de semana en Almagro.

5.4.

Completa las frases:

1. No entiende nada de pintura y habla como si —————————

2. Habla el español como si —————————

3. Míralo. No entiende nada de política y habla como si —————————

4. ¿No vamos a jugar al tenis? Te has vestido como si —————————

5. ¿No dice que va tan mal de dinero? Vive como si —————————

6. No sé qué tengo... Me duele aquí como si —————————

5.5.

Contesta a tu compañero de una forma muy expresiva:

● ¿Jacinto es muy pesado, dices?

○ *Sí, sí, no te puedes imaginar lo pesado que es.*

1. Estas situaciones le ponen muy nervioso, ¿verdad?
2. ¿Tanto te preocupa este asunto?
3. ¿Es verdad que lo ha hecho tan mal?
4. Es difícil aguantar a Rafael, ¿no?
5. Le ha costado muy caro este despacho, ¿verdad?
6. Se habrá puesto muy contento cuando se lo has dicho.
7. Según me han dicho lo pasasteis muy mal en el viaje.
8. Oye, ¿fue muy complicado obtener los permisos?
9. Dicen que Berta ha cambiado mucho...
10. ¿Y tanto le gusta cocinar a Paco?
11. Parece una mujer muy inteligente.

5.6.

Transforma las frases y expresa condiciones:

¡Qué pena no poder hacer ese curso de guitarra! Pero como tengo tan poco tiempo...

Si tuviera más tiempo libre, haría ese curso de guitarra.

1. ¡Qué lástima no poder dar un paseo por el monte! Pero con este tiempo...
2. Tengo una tos horrible y como fumo tanto...
3. Me gustaría ir a jugar al tenis pero como tengo tanto trabajo...
4. No sé si lo va a pasar bien en la cena, como solo habla inglés...
5. No te sientes bien porque llevas varias noches durmiendo muy poco.
6. Me gustaría mucho quedarme un rato más con vosotros pero como el último tren sale a las 10 h...

7. Intenta comer poco, el pobre, pero como tiene tanto apetito...

8. No es que sea un mal vendedor pero como es tan tímido...

9. ¡Qué rabia no poder vernos el domingo! Pero como vienen a pasar el fin de semana mis primos...

5.7.

Une las frases usando hasta/hasta que **y haciendo las transformaciones necesarias:**

Jaime llamará por teléfono.
Entonces podré salir.

No podré salir hasta que llame Jaime.

1. Terminará la tele.
   Entonces nos iremos.

2. Cuéntamelo todo.
   Entonces me quedaré tranquilo.

3. El partido terminará hacia las nueve.
   Entonces nos marcharemos.

4. Nos quedaremos en casa.
   Llegará Eulalia.

5. Estaré en la oficina.
   Terminaré de pasar a máquina estas cartas.

6. Estaré en casa del Sr. Rubio.
   Ustedes pasarán a recogerme.

7. Hay que insistir.
   Le convenceremos.

5.8.

Construye una sola frase:

Raúl ya está mejor.
¡Qué bien!

¡Qué bien que Raúl ya esté mejor!

1. Ha venido Damián a pasar las vacaciones.
   ¡Cómo me alegro!

2. Mañana tengo que ir al dentista.
   ¡Qué miedo!

3. Paquita ha encontrado un trabajo muy interesante.
   ¡Qué bien!

4. A lo mejor tenemos problemas para pasar la aduana con la tele.
   Me da miedo.

5. ¿Te quedas con nosotros a pasar el fin de semana?
   ¡Hombre! Me alegro mucho.

6. Ya hemos terminado.
   ¡Qué bien!

6. Todo oídos

6.1.

Escucha y marca con una cruz qué quiere decir lo que han dicho:

1. ☐ Puede ir al gimnasio.

   ☐ No puede ir al gimnasio.

2. ☐ No lo va a comprar.

   ☐ Lo va a comprar.

3. ☐ Lo va a acompañar.

   ☐ No lo va a acompañar.

4. ☐ No se llevan muy bien.

   ☐ Se llevan muy bien.

5. ☐ Se queda.

   ☐ No se queda.

6.2.

Reacciona.

6.3.

Escucha el diálogo y contesta a las preguntas:

1. ¿Cuándo le empezó el dolor?
2. ¿Le había pasado otras veces?
3. ¿Qué tipo de dolor era?
4. ¿Se le pasó enseguida?
5. ¿Había comido normalmente ese día?
6. ¿Le sigue doliendo desde entonces?
7. ¿Cómo le mejora el dolor?

6.4.

Escucha estos comentarios sobre cómo reacciona la gente ante la enfermedad y busca con qué descripción te identificas tú más. Márcala con una cruz:

1. ☐   2. ☐   3. ☐   4. ☐   5. ☐

7. Tal cual

Acostada boca arriba con las nalgas apretadas, así como el estómago, aspirar y empujar las caderas hacia arriba y aguantar por 10 segundos la respiración. Expulsar el aire mientras baja las caderas, apretando las nalgas. Repetir 10 veces.

Acostada boca abajo, levantar los brazos, cabeza y pies al mismo tiempo, apretar las nalgas y sostenerse así por 5 segundos. Repetir 10 veces.

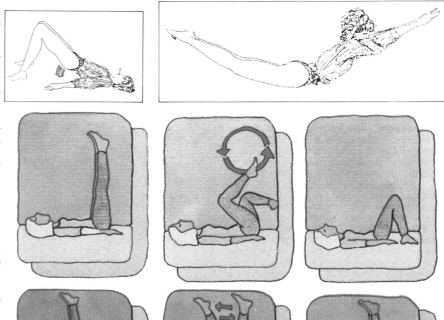

De espaldas sobre el suelo, levante las piernas en forma vertical, tal como indica la figura. Luego comience a moverlas haciendo círculos en el aire, como si pedaleara. Este movimiento debe realizarse durante unos minutos. Finalmente, descanse con las piernas dobladas, manteniendo los brazos extendidos.

Colóquese de espaldas, y eleve sus piernas con ayuda de sus brazos, como indica la figura. Una vez con las piernas en alto, comience a moverlas como si caminara o efectuara pasos cortos. Luego, vuelva a la posición inicial, con las extremidades juntas. Sentirá cómo la circulación se activa.

Un amigo tuyo se queja de las facturas de la luz. Lee este documento y dale algunos consejos para que pueda ahorrar.

He aquí unos sencillos trucos para economizar electricidad. Le harán ver que puede ahorrar bastante dinero en casa sin sacrificar nada de su confort.

No tenga encendidas más lámparas o bombillas de las que de verdad necesite. Demasiada luz es tan mala para los ojos como una iluminación pobre.

No tenga iluminadas las habitaciones que no esté usando. Y acuérdese de apagar la luz siempre que salga de una habitación. Es una buena costumbre.

En la cocina y cuartos de baño haga cambiar las bombillas por tubos fluorescentes. Duran cinco

veces más y dan la misma cantidad de luz. A mitad de precio.

Por lo menos una vez al mes descongele la nevera. No tenga el termostato al mínimo y no guarde en ella cosas que aún estén calientes. Déjelas enfriar fuera.

Antes de poner en marcha su lavadora, llénela bien de ropa. Va a consumir lo mismo vacía o llena. En el lavavajillas, lave a la vez lo de todo el día.

Cuando compre un nuevo electrodoméstico, no se lleve uno demasiado grande para las necesidades de su hogar. Hay un tamaño de aparato para cada casa.

Y dos consejos finales para consumir menos: llenar al máximo la lavadora, lavaplatos y nevera y no enchufar las cosas hasta el momento de usarlas.

9. Somos así... ¡qué le vamos a hacer!

"Solo le pido a Dios". *De Leon Gieco cantada por Ana Belén*

Solo le pido a Dios
que la guerra no me sea indiferente
es un monstruo grande y pisa fuerte
toda la pobre inocencia de la gente.

Solo le pido a Dios
que el dolor no me sea indiferente
que la reseca muerte no me encuentre
vacía y sola sin haber hecho lo suficiente.

Solo le pido a Dios
que lo injusto no me sea indiferente
que no me abofeteen la otra mejilla
después de que una garra me arañó a esta suerte.

Solo le pido a Dios
que lo injusto no me sea indiferente
si un traidor puede más que unos cuantos
que esos cuantos no lo olviden fácilmente.

Solo le pido a Dios
que el futuro no me sea indiferente
deshauciado está el que tiene que marcharse
a vivir una cultura diferente.

Solo le pido a Dios
que la guerra no me sea indiferente
es un monstruo grande y pisa fuerte
toda la pobre inocencia de la gente.

MIRA QUE LLEVO AÑOS DICIÉNDOLO, QUE NUCLEARES NO, NUCLEARES NO...Y VENGA

ES QUE HASTA QUE NO NOS EXPLOTE UNA BAJO EL CULO, NI CASO

Romeu 86

Un cronopio se recibe de médico y abre un consultorio en la calle Santiago del Estero. En seguida viene un enfermo y le cuenta cómo hay cosas que le duelen y cómo de noche no duerme y de día no come.

—Compre un gran ramo de rosas— dice el cronopio.

El enfermo se retira sorprendido, pero compra el ramo y se cura instantáneamente. Lleno de gratitud acude al cronopio, y además de pagarle la obsequia, fino testimonio, un hermoso ramo de rosas. Apenas se ha ido el cronopio cae enfermo, le duele por todos lados, de noche no duerme y de día no come.

Historia de cronopios y de famas, **Julio Cortázar**

Todo va bien porque Sandra se despierta aliviada y más lúcida, le hace bromas a Lucas y vienen los internos y el profesor y las enfermeras y pasa todo lo que tiene que pasar en un hospital por la mañana, la esperanza de salir en seguida para volver a las colinas y al descanso, yogourt y agua mineral, termómetro en el culito, presión arterial, más papeles para firmar en la administración y es entonces cuando Lucas, que ha bajado para firmar esos papeles y se pierde a la vuelta y no encuentra los pasillos ni el ascensor, tiene como la primera y aún débil sensación de sapo en plena cara, no dura nada porque todo está bien, Sandra no se ha movido en la cama y le pide que vaya a comprarle cigarrillos (buen síntoma) y a telefonear a los amigos para que sepan cómo todo va bien y lo prontísimo que Sandra va a volver con Lucas a las colinas y a la calma, y Lucas dice que sí mi amor, que cómo no, aunque sabe que eso de volver pronto no será nada pronto, busca dinero que por suerte se acordó de traer, anota los teléfonos y entonces Sandra le dice que no tienen dentífrico (buen síntoma) ni toallas porque a los hospitales franceses hay que venir con su toalla y su jabón y a veces con sus cubiertos, entonces Lucas hace una lista de compras higiénicas y agrega una camisa de recambio para él y otro slip y para Sandra un camisón y unas sandalias porque a Sandra la sacaron desnuda por supuesto, para subirla a la ambulancia y quién va a pensar a medianoche en cosas así cuando se llevan dos días sin dormir.

Un tal Lucas, **Julio Cortázar**

7

¿Y ESTO PARA QUÉ SIRVE?

1. ¿Qué me cuentas?

● ¡Qué temporada llevo! Se me estropea todo...
Ayer mismo, sin ir más lejos, no me arrancó
el coche y lo vuelvo a tener en el taller.
○ Ah, ¿sí? ¿Y qué era?
● Que me había quedado sin batería y ya, de paso,
pedí que me cambiaran el aceite y que me
hicieran una puesta a punto.
○ ¿No te parece que lo que realmente necesitas
es cambiarte de coche?

● Al ponerlo en marcha, empezó a hacer
un ruido rarísimo y se paró... Y le aseguro
que lo instalé tal como pone el libro de instrucciones.
○ Déjenoslo y lo revisaremos. ¿Ha traído la garantía?
● Sí, aquí la tiene.

● Entre la que hemos visto antes y ésta
apenas hay diferencia de precio y, puestos a
comprar, yo me quedaría con ésta que,
además tiene dos años de garantía.
○ Ay, mire, no sé qué hacer... sobre todo
porque no pensaba gastar tanto.
● Piense que ésta, la más cara, es
para toda la vida...

● ¡Venga! ¡Va! ¿Cuál de los
dos compramos?
○ Ay, no sé, da igual,
el que tú quieras

● ¿Le corre mucha prisa?
○ Pues, francamente, sí. La necesito
para mañana sin falta.

● Mire, éste es el modelo más pequeño que
fabrican. Sosténgalo. Ya verá qué ligero
es... Y, desde luego, es más práctico, más
fácil de transportar que este otro.

● ¿De quién es el Seat 131 amarillo que
está aparcado en doble fila?
○ Mío, mío.

2. Se dice así

2.1. Expresar condiciones

2.1.1. Condición mínima para que pueda realizarse algo

● ¿Podrán arreglármela?
  Vais de excursión, ¿no?
  ...

○ Sí,

| con tal de que | encontremos las piezas de recambio
podamos volver el domingo
... |
| excepto que | se haya quemado el motor
la niña siga enferma
... |

2.1.2. Condición excepcional:

● Vendrá Pablo, ¿no?
  ¿Verdad que le gustará?
  ...

○ Sí
  Me parece que sí | y en caso de que | no pueda, nos avisará.
no le gustara, puede cambiarlo.
...
  ...

2.1.3. Condición referida a la manera de realizar algo

● ¿Por qué sales tan pronto?
  Podrías pagarlo a plazos, ¿no?
  ...

○ (Es que)   saliendo pronto, encontraré menos tráfico.
pagándolo al contado, me hacen mucho descuento.
...

2.2. Intentar convencer aludiendo a las cualidades de algo

● Ya verá/s

| qué | bien funciona
poco gasta
práctico es
... |

| lo | bien
poco
práctico
... | que | funciona
gasta
es
... |

● Ten/tenga en cuenta
  Piensa/piense | que | el precio esta muy bien
es un barrio muy tranquilo
... |

2.3. Expresar la necesidad de hacer algo o de un objeto

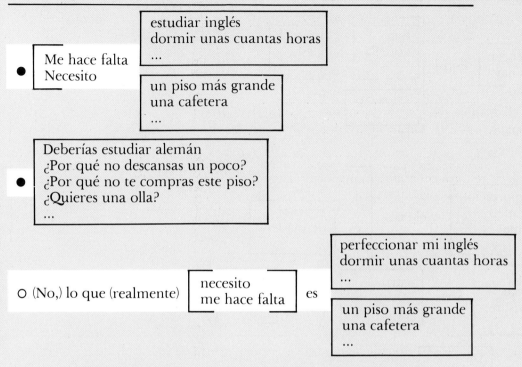

● Me hace falta
Necesito

estudiar inglés
dormir unas cuantas horas
...

un piso más grande
una cafetera
...

● Deberías estudiar alemán
¿Por qué no descansas un poco?
¿Por qué no te compras este piso?
¿Quieres una olla?
...

○ (No,) lo que (realmente) | necesito
me hace falta | es

perfeccionar mi inglés
dormir unas cuantas horas
...

un piso más grande
una cafetera
...

2.4. Recomendar

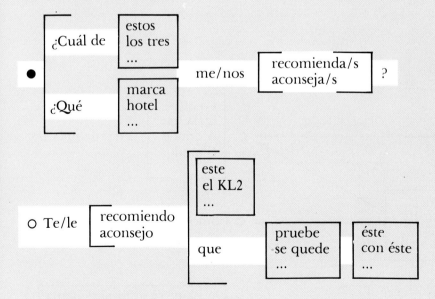

● ¿Cuál de

estos
los tres
...

¿Qué

marca
hotel
...

me/nos | recomienda/s
aconseja/s | ?

○ Te/le | recomiendo
aconsejo

este
el KL2
...

que | pruebe
se quede
... | éste
con éste
...

En el restaurante:

● ¿Qué me recomienda de | primero/primer plato
segundo (plato)
postre | ?

2.5. Hablar de las diferencias entre las cosas

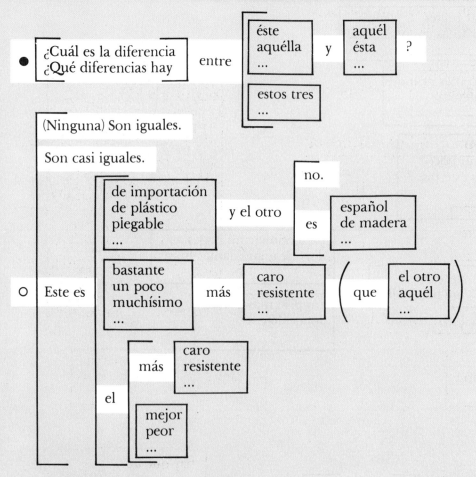

- ¿Cuál es la diferencia / ¿Qué diferencias hay | entre | éste aquélla ... | y | aquél ésta ... | ?
  estos tres ...

○ (Ninguna) Son iguales.

Son casi iguales.

Este es | de importación de plástico plegable ... | y el otro | (no.) / (es) | español de madera ...

Este es | bastante un poco muchísimo ... | más | caro resistente ... | (que | el otro aquél ...)

el | más | caro resistente ... / mejor peor ...

2.6. Ceder la elección a otro

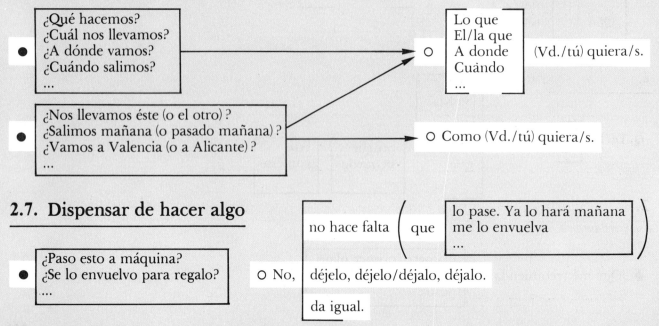

- ¿Qué hacemos?
  ¿Cuál nos llevamos?
  ¿A dónde vamos?
  ¿Cuándo salimos?
  ...

  ○ Lo que
  El/la que
  A donde
  Cuándo
  ...
  (Vd./tú) quiera/s.

- ¿Nos llevamos éste (o el otro)?
  ¿Salimos mañana (o pasado mañana)?
  ¿Vamos a Valencia (o a Alicante)?
  ...

  ○ Como (Vd./tú) quiera/s.

2.7. Dispensar de hacer algo

- ¿Paso esto a máquina?
  ¿Se lo envuelvo para regalo?
  ...

  ○ No, | no hace falta | (que | lo pase. Ya lo hará mañana me lo envuelva ...)

  déjelo, déjelo/déjalo, déjalo.

  da igual.

2.8. Solicitar la confirmación de una opinión

- ¿No te parece que | es un trabajo muy mal pagado / deberíamos avisar a Agustín / ... | ?

  Es un trabajo muy mal pagado / Deberíamos avisar a Agustín / ... | ¿No te parece?

2.9. Preguntar por la propiedad o autoría

- ¿De quién es | esto / este paquete / ... | ?   O (Es) | mío / nuestro / ... | de | Ignacio / mi hermano / ... |

2.10. Preguntar por el funcionamiento de algo

- ¿Para qué sirve | esto / este botón / ... | ?   O Para | ponerlo en marcha / desmontarlo / ... |

- ¿Cómo | va / funciona / se pone en marcha | esto / este aparato / ... | ?

  ¿Qué | hay que / he de / ... | hacer para | pararlo / desmontarlo / ... | ?   O (Pues) | hay que apretar / se aprieta / aprietas / ... | (y ya está.)

2.11. Expresión de simultaneidad

- Al | enchufarlo / salir / ... | , | empezó a salir humo / me di cuenta de que no tenía las llaves / ... |

2.12. Garantizar la veracidad de algo o comprometerse a realizar algo

- ¿Seguro que dijo eso? / ¿Vendrás? / ...   O (Sí,) te/le aseguro que | lo dijo / iré / ... |

3. Y ahora tú

3.1.

Tu compañero está en estas situaciones. Aconséjale lo que tú crees que tiene que hacer. Él te dirá lo que realmente necesita:

● tú
○ tu compañero

Tu compañero está muy cansado. Dile que trabaje menos.

● *Oye, ¿por qué no trabajas menos?*

○ *Lo que realmente necesito es tomarme unas vacaciones.*

1. Tiene problemas en el trabajo. Dile que hable con el jefe.
2. Le duele mucho una muela. Tú crees que debería tomar un calmante.
3. Tiene problemas con la tele, es la quinta vez que se le estropea esta semana. Tú crees que tiene que llevarla a arreglar.
4. Últimamente está engordando mucho. Dile que haga deporte.
5. Dile que se compre un jersey de hilo muy bonito que acabáis de ver.
6. Tu amigo tose muchísimo. Sugiérele que fume menos.

3.2.

Uno de vosotros trabaja para la empresa Ford, otro para Citroën y otro para Volvo. Un compañero quiere comprar un coche pero no sabe cuál. Intentad convencerle de que uno de éstos es el que mejor se adapta a sus necesidades y dadle toda la información que pida:

154

Lo hemos mejorado por fuera, porque era imposible hacerlo por dentro.

244 GLT

Nueva gama Volvo 240

Este es el nuevo Volvo 240. Fíjese bien. Tiene otra línea. Ahora su frontal es más aerodinámico y atractivo. Por dentro, su nivel de equipamiento es fuera de serie. Y su amplia gama de modelos sigue ofreciendo las mayores posibilidades de elección: motores de carburación, inyección, diesel 6 cilindros o turbo-gasolina. Caja de cambios de 5 velocidades, overdrive eléctrico o automática. Sedán 4 puertas o ranchera. Venga a probar el nuevo Volvo 240. Descubrirá sobre la marcha que es un coche inmejorable. Incluso en el precio. Desde 2.126.000 pts. F.F.

VOLVO
Seguro a todo riesgo.

3.3.

Explícale a tu compañero qué hay que hacer para preparar:

una tortilla de patatas
un cóctel de gambas
una ensalada asada
conejo a las dos salsas

COCINA

Freír tiene sus secretos. ¿Los conoces bien? Ya sabes: temperatura adecuada, aceite idóneo y el tiempo justo. Sabiendo ésto, anímate y haz unas de guarniciones divertidas: tomate, pimientos, setas, calabacín, manzana... ¡de chuparse los dedos! También son una solución cuando se presenta un invitado de improviso. Con guarniciones y platos rápidos saldrás airosa de muchos apuros. Mándanos tus recetas de fritos. El premio será cinco freidoras eléctricas Taurus, para ayudarte en tu labor. Esperamos tu carta en Aragón, 264, entlo. 2.ª. Barcelona -7.

ENSALADA ASADA

Ingredientes: 2 tomates, 1 cebolla y 1 pimiento.
Preparación: Colocar los tomates, la cebolla y el pimiento troceados, al grill. Asar. Aliñar con sal, aceite y vinagre.

CONEJO A LAS DOS SALSAS

Ingredientes: conejo, vinagre, perejil, laurel, pimienta, tomillo y canela.
Preparación: trocear un conejo tierno, macerarlo durante 5 horas en 2 cucharadas de vinagre, perejil, laurel y pimienta. Colocar el conejo en la parrilla, cocerlo y servirlo con dos salsas previamente preparadas. 1.ª salsa: sofreír una cebolla grande, una cabeza de ajo, sal, pimienta negra, 2 cucharadas grandes de vino blanco, tomate, un cazo de agua y una pastilla o caldo y se espesa con una picada de almendras, avellanas y piñones.
2.ª salsa: Preparar en el mortero ''all i oli''.

TORTILLA DE PATATAS

Ingredientes: 8 huevos, 1 kg de patatas, 2 vasos (de agua) de aceite (1/2 litro), sal.
Preparación: Lavar, pelar y secar las patatas. Cortar en finas láminas. Poner a calentar el aceite en una sartén. Freír las patatas. Echar sal. Batir los huevos, poner sal. Mezclar las patatas con los huevos. Poner en la sartén 3 cucharas soperas de aceite. Calentar el aceite, echar los huevos y las patatas. Mover la sartén (si no se pega la tortilla). Dar vuelta a la tortilla. Servir caliente o fría.

COCTEL DE GAMBAS

Ingredientes: 1/2 kg de gambas, 1 lechuga, 1 huevo duro, salsa mayonesa.
Preparación: Hervir las gambas (3-5 minutos). Dejarlas enfriar. Pelarlas dejar las colas. Lavar y cortar a tiras la lechuga. Poner en copas la lechuga con la mayonesa. Encima poner las gambas. Cubrir con mayonesa. Poner huevo duro picado. Servir muy frío.

3.4.

Estás en un restaurante con tu compañero y éste no conoce muy bien la cocina española. Recomiéndale algún plato y, si no sabe qué es, explícaselo:

● *¿Qué me recomiendas de segundo?*

○ *Te aconsejo que pruebes la zarzuela. Aquí es muy buena.*

● *¿Y eso qué es?*

○ *Pescado con salsa.*

RESTAURANTE AMAYA
CARTA

MENU DE LA CASA 1.000 Ptas.
(incluidos pan, vino y postres)

ENSALADA VARIADA O
PURE HORTELANA
POTAJE DE GARBANZOS
O
SARDINAS ASADAS
ESCALOPES DE LOMO
AL PARMESAN
HELADO FLAN O UNA FRUTA
PAN Y VINO

ENTREMESES VARIADOS	Ptas.	510,–
ESPÁRRAGOS MUERZA extra	"	840,–
ENSALADA MIXTA	"	415,–
CREMA DE LANGOSTA CARDINAL	"	495,–
GAZPACHO ANDALUZ	"	290,–
CONSOME EN TAZA GELE O CALIENTE	"	225,–
ESCALIBADA CATALANA	"	535,–
PIMIENTOS ROJOS DEL TIEMPO CON CHORIZO	"	535,–
GUISANTES FINOS Y PATATAS AL NATURAL	"	458,–
ESPINACAS A LA CREMA	"	458,–
PISTO A LA BILBAINA	"	458,–
PUERROS A LA VINAGRETA	"	458,–
CANELONES DE AVE ROSSINI	"	510,–
ARROZ CON PESCADOS A LA MARINERA	"	1180,–
PAELLA VALENCIANA CON MARISCOS Y POLLO	"	1180,–

PESCADOS TIPICOS VASCOS

ANGULAS DE AGUINAGA	Ptas.	1750,–
CHIPIRONES DEL NORTE EN SU TINTA	"	758,–
MERLUZA EN SALSA VERDE CON ESPARRAGOS	"	990,–
ATUN A LA GUIPUZCOANA	"	768,–
BESUGO (PIEZA) DEL NORTE ESTILO SANTURCE	"	1.200,–
LUBINA DE LA COSTA AL LIMON	"	1701,–
BOQUERONES FRITOS A LA ANDALUZA	"	450,–
COLAS DE GAMBAS AL AJILLO	"	1365,–
SARDINAS FRITAS O ASADAS	"	335,–

TOURNEDO DE SOLOMILLO DE BUEY CON CHAMPIÑONES	"	1100,–
BROCHETA DE FILETE CON BERENJENAS	"	790,–
CHULETON DE TERNERA DE AVILA A LA PIMIENTA	"	1600,–
ENTRECOTE DE TERNERA CON PIMIENTOS VERDES	"	900,–
ESCALOPES DE LOMO AL PARMESAN	"	470,–
SOLOMILLO DE BUEY O TERNERA CON GUARNICION	"	1020,–
BISTEC DE TERNERA CON PATATAS FRITAS	"	495,–
BUTIFARRA DE LA GARRIGA CON PISTO	"	460,–
CHULETITAS DE CORDERO ESTILO GUERNICA	"	910,–

CAVIAR

CON TOSTADAS DE PAN INGLES	Ptas.	610,–

MARISCOS

CIGALAS DE LA COSTA AL GUSTO (100 Grs.)	Ptas.	638,–
PERCEBES (Ración)	"	1260,–
CANGREJOS DE RIO	"	375,–

HUEVOS

TORTILLA CON GAMBAS	Ptas.	495,–
TRES HUEVOS REVUELTOS CON SESOS	"	495,–

POSTRES

REPOSTERIA DE LA CASA

PASTEL DE NUECES CON NATA	Ptas.	330,–
BRAZO GITANO DE CREMA QUEMADA	"	310,–
TARTA DE QUESO	"	250,–
FLAN DE LA CASA	"	150,–
SORBETE DE LIMON	"	225,–

3.5.

¿Cómo funciona?

● Quieres que tu compañero te haga una
foto y le prestas tu cámara. Explícale cómo
funciona.
○ Hay algunas cosas que no te ha explicado.
Pregúntaselas.

> sacar la tapa del objetivo
> enfocar
> calcular la distancia
> apretar el botón
> correr/pasar el carrete
> ...

○ Sigues las instrucciones de tu compañero
pero no funciona. Coméntaselo.
● Indícale lo que tiene que hacer.

● Quieres hacer un café en casa de tu compañero
pero tú no tienes una cafetera así. Pregúntale
qué tienes que hacer.
○ Explícaselo.

> enroscar
> desenroscar
> parte de arriba/abajo
> llenar hasta
> filtro
> colocar
> poner en el fuego
> sacar del fuego
> ...

● Estás en casa de tu compañero y quieres
poner un video. Pregúntale qué tienes que hacer.
○ Explícaselo pero no te olvides de nada;
si no, no podrá ver la película.

> encender
> apretar el botón que pone "play"
> meter la cinta
> ir hacia adelante/atrás
> apagar
> ...

**Varios amigos le habéis comprado un
regalo a un amigo común. Queréis
saber lo que ha pagado cada uno.**

● Coges la calculadora de tu compañero.
Pregúntale cómo funciona.
○ Explícaselo.

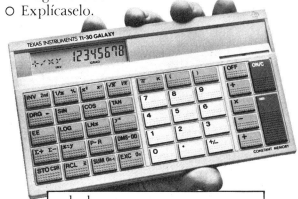

> calcular
> conectar el aparato
> apretar la tecla de sumar/restar/
> multiplicar/dividir
> borrar
> ...

○ Tú has hecho el cálculo y no te da lo mismo que
a tu compañero. Pídele que te diga qué ha
hecho exactamente.
● Explícale a tu compañero todo lo que has hecho
paso a paso.

3.6.

Tu compañero no sabe qué hacer. Te pregunta tu opinión pero dejas que decida él.

● tú
○ tu compañero

Esta noche vas a celebrar tu cumpleaños. No sabes si ir a un restaurante chino, "El chino feliz", o a uno indio, el "Bombay".

● *Oye, ¿qué hacemos esta noche? ¿Vamos al "Chino feliz" o al "Bombay"?*

○ *Adonde tú quieras.*

1. Estáis en una charcutería. Quieres comprar jamón para la cena de esta noche. No sabes qué jamón comprar.

2. Este fin de semana vais al campo. Os han ofrecido ir en el coche de Ana y Luis o en el de Martín.

3. No sabéis qué hacer este verano, si ir a la playa, al campo, a la montaña, a pasar las vacaciones en el chalé de tus padres...

4. Estáis en una tienda de electrodomésticos. Habéis visto muchos televisores pero no sabes cuál comprar.

5. La semana que viene queréis ir al teatro. No sabes si sacar las entradas unos días antes o el mismo día de la función.

3.7.

Tú compañero tiene muchas cosas que hacer hoy.

● tú
○ tu compañero

● Ofrécete para ayudarle a:

> arreglar un enchufe
> hacer la comida
> poner la mesa
> fregar los platos
> colgar unos cuadros
> ir a recoger a sus padres al aeropuerto
> enviar una carta certificada
> sacar las entradas para el teatro
> dar de comer al niño

○ Díle que no, que no es necesario, que ya lo harás tú.

● *¿Quieres que te arregle yo el enchufe?*

○ *No, no hace falta que lo arregles, ya lo haré yo.*

4. ¡Ojo!

4.1. Usos del subjuntivo: expresión de la condición

Cuando queremos expresar la condición mínima para que se realice algo:

Con tal de
Excepto   +   que   +   SUBJUNTIVO

      Ej.: ● ¿Vais al cine esta noche?
            ○ Sí, con tal de que <u>encontremos</u> entradas. *(Si no hay entradas no podremos ir)*
            ○ Sí, excepto que <u>no encontremos</u> entradas. *(Es poco probable pero a lo mejor no hay entradas)*

            ● ¿Vamos este fin de semana a la Sierra?
            ○ Sí, excepto que <u>vengan</u> mis padres a pasar el fin de semana. *(Es poco probable que vengan)*
            ○ Sí, con tal de que <u>no vengan</u> mis padres a pasar el fin de semana. *(Si vienen no podré ir a la Sierra)*

Cuando lo que expresamos en la condición es muy poco probable que suceda:

En caso de   +   que   +   SUBJUNTIVO

      Ej.: ● Usted está perfectamente, no se preocupe. Y en caso de que le <u>volviera</u> a doler, llámeme. *(Es casi seguro que no le dolerá)*

Cuando la manera de hacer una cosa es la condición para que ésta pueda realizarse:

Gerundio,   +   Futuro / Presente

      Ej.: Es que <u>terminándolo</u> hoy, mañana <u>tendré</u> más tiempo libre.
           (Si lo termino hoy, mañana tendré más tiempo libre)

           <u>Llamándolo</u> al trabajo, seguro que <u>puedo</u> hablar con él.
           (Si lo llamo al trabajo, seguro que puedo hablar con él)

4.2. Usos del subjuntivo: necesitar

                       Necesitar   +   INFINITIVO

El mismo sujeto   Ej.: <u>Necesito</u> <u>cambiar</u> de piso.

                          (yo)   (yo)

                       Necesitar   +   que   +   SUBJUNTIVO

Sujetos diferentes   Ej.: <u>Necesito</u> que me <u>pases</u> esto a máquina.

                          (yo)   (tú)

4.3. Usos del subjuntivo: dejar la decisión al otro interlocutor.

Cuando en la pregunta no se propone nada: ⟶ *En la respuesta se repite la misma partícula:*

- ¿<u>Dónde</u> cenamos?
- ¿<u>Adónde</u> vamos a cenar?
- ¿<u>Cuándo</u> vamos?
- ¿<u>Cómo</u> vamos?

- ○ <u>Donde</u> quieras.
- ○ <u>Adonde</u> te apetezca.
- ○ <u>Cuando</u> quieras.
- ○ <u>Como</u> prefieras.

Cuando en la pregunta se propone una o varias cosas:

En la respuesta también se puede decir:

- | ¿Cenamos aquí (o en casa)?
  | ¿Vamos a tu casa (o a la mía)?
  | ¿Vamos hoy (o mañana)?
  | ¿Vamos en tren (o en autobús)?

  ○ Como (tú) quieras.

Cuando hay que elegir entre acciones u objetos de distinto tipo:

- | ¿Qué hacemos esta noche?
  | ¿Qué compramos?

  ○ <u>LO</u> que quieras.

Cuando hay que elegir entre objetos del mismo tipo:

- | ¿Cuál compramos?
  | ¿Qué vino compramos?

  ○ <u>EL/LA/LOS/LAS</u> que quieras.

4.4. El superlativo

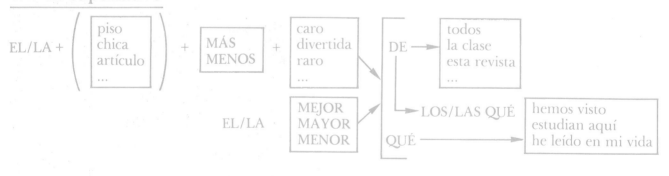

4.5. La involuntariedad

SE + | ME
TE
LE
NOS
OS
LES | + | estropeó el coche anoche
han caído las gafas al suelo
ha manchado el pantalón
... |

4.6. Qué/cuál

*Para elegir entre
elementos de una clase
o conjunto:* → QUÉ + nombre

Ej.: ¿Qué marca te gusta más?

CUÁL + DE
verbo

Ej.: ¿Cuál de éstos prefieres?
¿Cuál vas a comprar?

*Para elegir entre tipos
de cosas distintas:* → QUÉ + verbo

Ej.: ¿Qué te apetece más:
carne o pescado?

5. Dale que dale

5.1.

Responde usando excepto que:

- ● ¿Iréis a casa de Enrique? (A lo mejor Pilar tiene que irse a Berlín)
- ○ *Sí, excepto que Pilar tenga que irse a Berlín.*

1. ● ¿Me tendrán la moto para mañana? (A lo mejor hay que cambiar el carburador)

   ○ _____

2. ● ¿Vais a Menorca en Semana Santa? (A lo mejor viene Arturo de Inglaterra y vamos con él a Madrid)

   ○ _____

3. ● ¿Va a alquilar ese apartamento tu hermano? (A lo mejor encuentra otro más barato)

   ○ _____

4. ● ¿Va usted a cambiar de trabajo? (A lo mejor me ofrecen un aumento de sueldo)

   ○ _____

5. ● ¿Vas a ir en tren? (A lo mejor hay un avión por la tarde)

   ○ _____

5.2.

Responde usando con tal de que:

- ● ¿Al final os vais a Grecia la semana que viene? (Sólo depende de los billetes)
- ○ *Sí, nos vamos con tal de que encontremos billetes.*

1. ● ¿Podré hablar mañana con el director? (Sólo si llega antes de las doce)

   ○ _____

2. ● ¿Seguirás por fin trabajando en la agencia de viajes? (Sólo si me suben el sueldo)

   ○ _____

3. ● ¿Vais al teatro esta noche? (Sólo depende de las entradas)

   ○ _____

4. ● Me han dicho que os vais a cambiar de piso. (Sólo si encontramos uno más céntrico)

   ○ _____

5.3.

Responde a las preguntas según el modelo ofreciéndole posibles soluciones:

- ● ¿Y qué vas a hacer si no hay billetes de avión?

  Pues, en caso de que no hubiera billetes, iría en coche.

1. ● ¿Y qué vais a hacer si no os quiere recibir antes del viernes?

   ○ _____

2. ● ¿Y si no encuentra ningún comprador dispuesto a pagar esa cantidad?

   ○ _____

3. ● ¿Y si no podemos entrar porque es sólo para los socios del club?

   ○ _____

4. ● ¿Y si no le gusta este tipo de cerámica?

   ○ _____

5. ● ¿Y qué hacemos si ya es demasiado tarde para que nos devuelvan el dinero de las entradas?

   ○ _____

5.4.

Justifícate expresando condición con gerundio:

- ● ¿Por qué no lo pagas con tarjeta de crédito?

  ○ *Es que, pagando con tarjeta, no me hacen descuento.*

1. ● ¿Por qué no pasas por la autopista para ir a Zaragoza?

   ○ _____

2. ● ¿Por qué no lo escribes a mano?

   ○ _____

3. ● ¿Por qué no lavas los pantalones en la lavadora?

   ○ _____

4. ● ¿Por qué no haces régimen?

   ○ _____

5.5.

Haz frases según el modelo

El coche de Pedro no funciona.
Se ha estropeado.

Se le ha estropeado el coche.

1. María no sabe qué hora es.
   Lleva el reloj parado.

2. Victoria y Ramona no tienen nada para cenar.
   La cena se ha quemado.

3. No podemos escuchar la radio.
   Está estropeada.

4. Raquel llevaba los pantalones azules.
   Se mancharon.

5. Silvia tenía las fotos del viaje.
   Se cayeron por la calle.

6. Rafael iba a Cuenca en moto.
   La moto se estropeó a mitad del camino.

5.6.

Deja que tu compañero decida:

● ¿Qué te parece? ¿Vamos el lunes o el martes?
○ *No sé... Cuando quieras.*

1. ● ¿Cuál de estos melones me llevo? ¿Cuál estará más maduro?

   ○ _____

2. ● ¿En qué vamos? ¿Cogemos el coche o vamos en metro?

   ○ _____

3. ● ¿Por dónde vamos? ¿Por la costa o por la carretera del interior?

   ○ _____

4. ● ¿A quién quieres que invitemos el día de tu cumpleaños?

   ○ _____

5. ● ¿Nos quedamos en casa o cogemos el coche y vamos a dar una vuelta por ahí?

   ○ _____

6. ● ¿Qué pongo? ¿La primera o la segunda cadena?

   ○ _____

7. ● ¿Qué me pongo para ir a casa de los Vilas?

   ○ _____

6. Todo oídos

6.1.

Escucha y contesta a las preguntas:

1. ¿Qué hacen primero? Y ¿qué pasa?
2. ¿Qué hacen luego? Y ¿qué sucede?
3. ¿Cómo consiguen avisar al portero?
4. ¿Qué les dicen que tienen que hacer?

6.2.

Reacciona.

6.3.

Escucha y marca el número que corresponde a cada dibujo:

7. Tal cual

Esta lavadora dice que es intransigente, ¿por qué? ¿Qué exigirías tú de una lavadora?

¿Qué se necesita para que esta garantía sea válida?
¿Para qué sirve esta garantía?
¿Y si se te cae el aparato o se te moja el motor puedes reclamar algo? ¿Por qué?
¿Qué debes hacer antes de usar el aparato?

9. Somos así... ¡qué le vamos a hacer!

 "El electroduende", *Alaska*

Estamos felizmente, a medio camino del desarrollo y podemos evitar los errores que en otras partes, quizá de modo inevitable, se cometieron. No necesitamos ni queremos una revolución para obtener más batidoras eléctricas, sino para lograr un hombre que no esté alienado ni por la esclavitud económica ni por el fetichismo tecnocrático.

Tratamos, pues, de lograr aquí una comunidad. No un conglomerado de hombres-cosas, que sobrevive en el mundo de cemento y aire acondicionado. Una comunidad de seres concretos y libres, y no la yuxtaposición de infinitas soledades en un universo de plásticos y computadoras. Y reflexionemos que el país mejor comunicado electrónicamente en el mundo es también el que mayor soledad sufre en cada uno de sus supervivientes.

¿Cómo reconstruir al hombre argentino?
ERNESTO SÁBATO

8

¿Y CÓMO ACABÓ
LA COSA?

Barcelona, 2 de Julio

Cerca de Cáceres, 19 de Julio

1. ¿Qué me cuentas?

En la redacción de "Esto hay hoy"

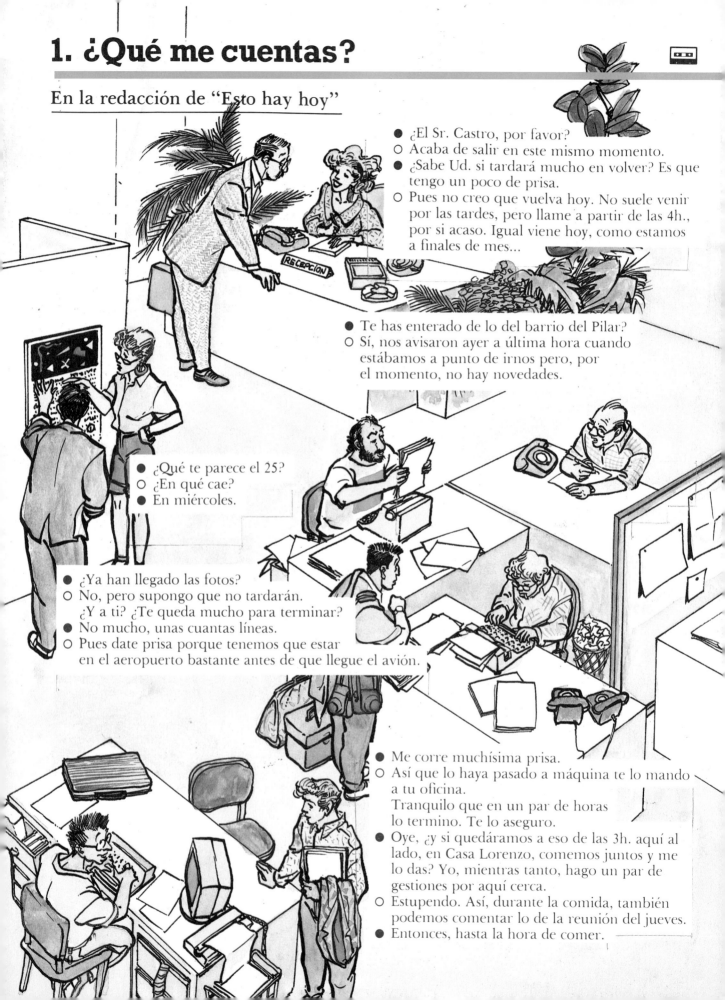

- ● ¿El Sr. Castro, por favor?
- ○ Acaba de salir en este mismo momento.
- ● ¿Sabe Ud. si tardará mucho en volver? Es que tengo un poco de prisa.
- ○ Pues no creo que vuelva hoy. No suele venir por las tardes, pero llame a partir de las 4h., por si acaso. Igual viene hoy, como estamos a finales de mes...

- ● Te has enterado de lo del barrio del Pilar?
- ○ Sí, nos avisaron ayer a última hora cuando estábamos a punto de irnos pero, por el momento, no hay novedades.

- ● ¿Qué te parece el 25?
- ○ ¿En qué cae?
- ● En miércoles.

- ● ¿Ya han llegado las fotos?
- ○ No, pero supongo que no tardarán. ¿Y a ti? ¿Te queda mucho para terminar?
- ● No mucho, unas cuantas líneas.
- ○ Pues date prisa porque tenemos que estar en el aeropuerto bastante antes de que llegue el avión.

- ● Me corre muchísima prisa.
- ○ Así que lo haya pasado a máquina te lo mando a tu oficina.
  Tranquilo que en un par de horas lo termino. Te lo aseguro.
- ● Oye, ¿y si quedáramos a eso de las 3h. aquí al lado, en Casa Lorenzo, comemos juntos y me lo das? Yo, mientras tanto, hago un par de gestiones por aquí cerca.
- ○ Estupendo. Así, durante la comida, también podemos comentar lo de la reunión del jueves.
- ● Entonces, hasta la hora de comer.

● ¿Y cuánto cree que durará la reunión?
○ Un par de horas, más o menos.

● ¡Uf! Perdona el retraso. Ya sé que es muy tarde pero es que había un embotellamiento terrible y luego no encontraba sitio para aparcar... He tenido que dejar el coche en un parking a no sé cuantas calles de aquí...
○ No te preocupes. Yo también acabo de llegar.
● Es que me sabe muy mal llegar tarde.

● ¿Y el artículo sobre las elecciones municipales cómo va?
○ Ya está. Me puse a trabajar después de cenar y lo terminé ayer a las 4h. de la mañana. Encima, me he tenido que levantar muy temprano, o sea, que esta tarde me voy a echar una siesta...

● ¿Has podido hablar con el de los sindicatos?
○ No. Cuando yo he llegado, ya había salido.
● ¿Y volverás mañana?
○ No. Me han dicho que va día sí, día no.

● Por fin me han arreglado lo del sueldo. Voy a trabajar sólo media jornada, o sea, cuatro horas diarias, cinco días a la semana.

● Pues de soltero, siempre que salíamos por ahí, venías con nosotros... Y, ahora, desde que te casaste, te pasas el día encerrado en casa. Por lo menos llevamos tres meses sin salir de noche juntos.
○ Bueno, bueno, ya veremos. Luego os llamo.

● Cuando llegamos, ya estaba la policía y habían cortado el tráfico. Parecía que los atracadores aún estaban en el banco pero no se sabía nada. De repente, se oyó una explosión y un ruido como de cristales rotos. Nos dimos un susto tremendo.
○ Y es que, además, un rato antes los atracadores habían dicho que iban a poner una bomba en la puerta del edificio.
▲ Y la habían puesto...
○ No, no, ¡qué va! Lo que pasó fue que unas calles más allá explotó una bombona de butano.
▲ ¡Vaya día!

171

2. Se dice así

2.1. Relatar

2.1.1. Referencia a un momento del día

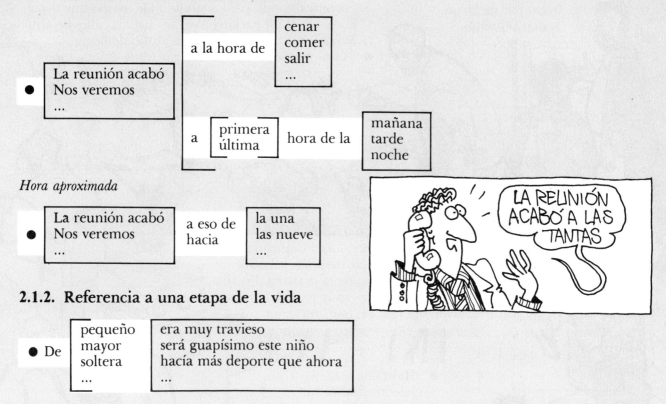

● La reunión acabó / Nos veremos / ... — a la hora de — cenar / comer / salir / ...

a — primera / última — hora de la — mañana / tarde / noche

Hora aproximada

● La reunión acabó / Nos veremos / ... — a eso de / hacia — la una / las nueve / ...

2.1.2. Referencia a una etapa de la vida

● De — pequeño / mayor / soltera / ... — era muy travieso / será guapísimo este niño / hacía más deporte que ahora / ...

2.1.3. Marcar el momento del inicio de una acción

● Julia cambió completamente / Puede recogerlos / ... — a partir de — el momento en que conoció a Pablo / pasado mañana / ...

2.1.4. Hablar del tiempo que se invierte para llegar a realizar algo

● ¿Cuánto (tiempo) — tardarán / tardaste / ... — en — arreglármelo / coser esa falta / ... — ?

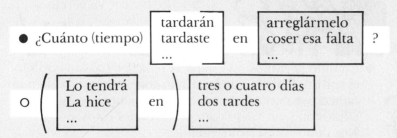

○ (Lo tendrá / La hice / ... — en) — tres o cuatro días / dos tardes / ...

2.1.5. Hablar de la realización inminente de una acción

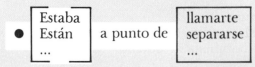

● Estaba / Están / ... — a punto de — llamarte / separarse / ...

172

2.1.6. Hablar del tiempo que debe transcurrir para la realización de algo

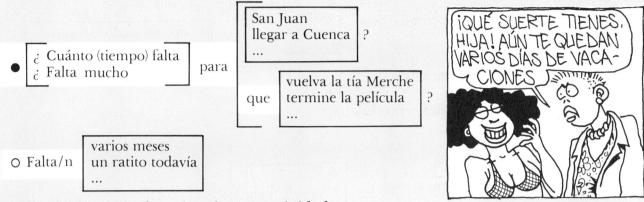

- ¿ Cuánto (tiempo) falta
  ¿ Falta mucho
  | para
  | San Juan
  | llegar a Cuenca | ?
  | ...
  | que
  | vuelva la tía Merche
  | termine la película | ?
  | ...

○ Falta/n | varios meses
  | un ratito todavía
  | ...

2.1.7. Hablar de la duración de una actividad

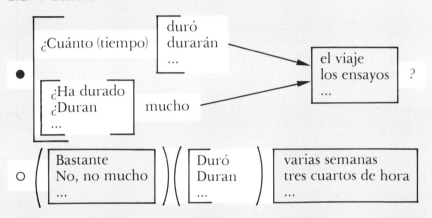

- ¿Cuánto (tiempo)
  | duró
  | durarán
  | ...
  | el viaje
  | los ensayos | ?
  | ...
  ¿Ha durado
  ¿Duran
  ... | mucho

○ (Bastante
  No, no mucho
  ...) (Duró
  Duran
  ...) | varias semanas
  | tres cuartos de hora
  | ...

2.1.8. Hablar de la frecuencia

- A esa ciudad hay dos vuelos
  En aquella época se trabajaba cuarenta y ocho horas
  Debe costar unas 200.000'- pesetas
  ...
  | diarios/as.
  | semanales.
  | mensuales.
  | anuales.
  |
  | al día.
  | a la/por semana.
  | al mes.
  | al año.

Frecuencia alterna

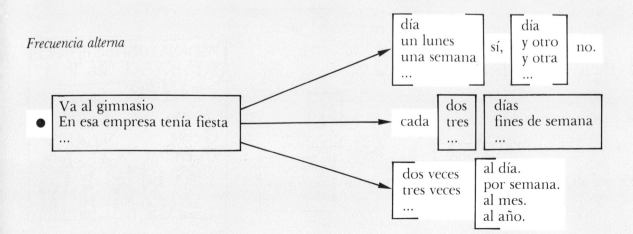

- Va al gimnasio
  En esa empresa tenía fiesta
  ...
  | día
  | un lunes
  | una semana
  | ... | sí, | día
  | y otro
  | y otra
  | ... | no.
  | cada | dos
  | tres
  | ... | días
  | fines de semana
  | ...
  | dos veces
  | tres veces
  | ... | al día.
  | por semana.
  | al mes.
  | al año.

2.1.9. Hablar de acciones que suceden repentinamente

● | Estábamos tomando una copa / Acababa de comer / ... | y | de golpe / repente | / en ese / aquel momento | se oyó un ruido espantoso / noté un dolor en el costado / ... |

2.1.10. Relacionar dos acciones o momentos

Sucesión inmediata

● | Le conté lo de Paco a Pepe / Me duele la barriga / Avisadnos / ... | así que / en cuanto | lo vi / tomo alcohol / sepáis algo / ... |

● | Ya está todo arreglado: / Cuando llegué a casa, / ... | acabo / acababa | de | hablar con el banco / salir hacia la oficina / ... |

Simultaneidad

● Mientras | Ramón baña a los niños / sacaba los billetes / esté en el extranjero / ... | , | yo preparo la cena / le robaron las maletas / no se comprará piso / ... |

2.1.11. Relacionar dos acciones pasadas: la más reciente respecto a otra anterior

● | Lo ví en agosto / Lo leímos en el periódico, (pero) / ... |

un mes / un rato / ... antes (ya) → se había casado / nos lo había dicho la portera / ...

(ya) hacía | cinco días / dos horas / ... | que

cuando y ya →

2.1.12. Hablar de una fecha determinada

● ¿A cuánto estamos (hoy)? ○ A | 23 / 25 / ... |

● ¿En qué (día) cae | el 3 de abril / el 25 / Navidad / ... | ? ○ En | sábado / miércoles / ... |

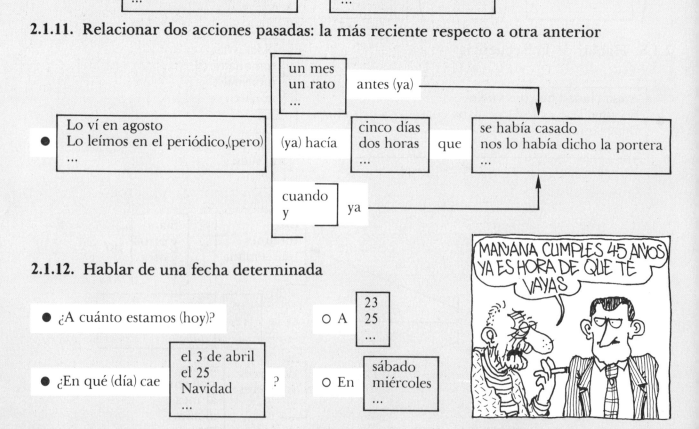

2.1.13. Hablar de acciones habituales

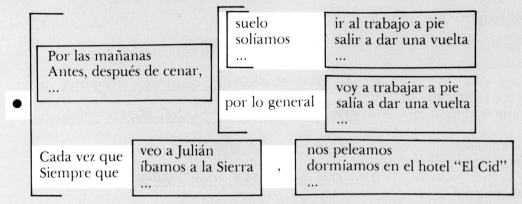

2.1.14. Hablar de una acción que se interrumpe, que no llega a realizarse

- | Se estaba muriendo Salía de casa ... | pero ha mejorado muchísimo cuando me llamaste ... |

2.2. Proponer una actividad para realizarla conjuntamente

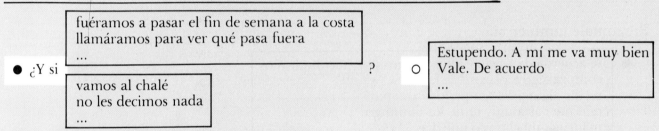

2.3. Asignar tareas simultáneas

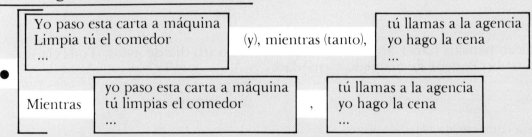

2.4. Disculparse

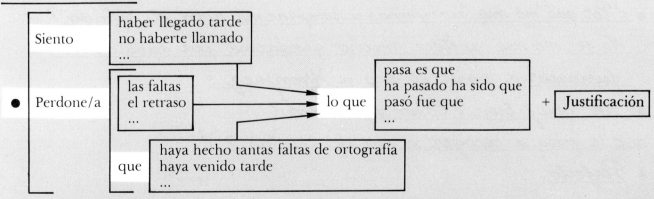

175

3. Y ahora tú

3.1.

Pregúntale a tu compañero que suele hacer:

● tú
○ tu compañero hablando de sí mismo

cuando llega a su casa
los domingos por la mañana
los viernes por la noche
en Navidad
el día de su cumpleaños

● *Yo, por ejemplo, cuando llego a casa, me pongo las zapatillas. ¿Y tú? ¿Qué sueles hacer?*

○ *Pues yo, así que llego, pongo música.*

● *¿Y cuándo vas a nadar al club?*

○ *Pues, día sí, día no.*

Y ahora pregúntale cuando:

va al dentista
visita a sus padres
estudia, en casa, español
sale con sus amigos
paga el seguro del coche
hace deporte

Pregúntale también si:

se acuerda de felicitar a sus amigos por su cumpleaños
compra algo a plazos
recibe alguna revista periódicamente
duerme hasta muy tarde los domingos
madruga mucho y/o qué días

3.2.

Tú y tu compañero pensáis hacer algo juntos hoy mismo o un día de estos. Todavía no habéis decidido nada. Poneos de acuerdo y quedad:

● tú
○ tu compañero

● Acompañarme a comprarme ropa el sábado.
○ Ir a pasar el día a Aranjuez.

● *¿Por qué no me acompañas a comprarme ropa el sábado?*

○ *No sé, no me apetece mucho quedarme por aquí. ¿Y si fuéramos a pasar el día a Aranjuez?*

● *Ah, muy bien ¿Cómo quedamos?*

○ *¿Te paso a recoger a eso de de las 9?*

● *Perfecto.*

1. ● Hacerle a Carmen un regalo personal.
   ○ Regalarle algo para la casa.

2. ● Salir a cenar con los Rodríguez.
   ○ Invitarlos a cenar en tu casa.

3. ● Pasar las vacaciones de Semana Santa en Peñíscola.
   ○ Hacer un viajecito por El Maestrazgo.

4. ● Ir a ver esta tarde a un amigo enfermo.
   ○ Ir mañana a media mañana.

5. ● Pasear un rato por Recoletos y ver alguna exposición.
   ○ Decírselo también a Angel.

6. ● Ir a correr por la Casa de Campo, el sábado.
   ○ Ir a nadar el domingo a primera hora.

3.3.

José Ramón es maestro de E.G.B. (Enseñanza General Básica). Da clases a niños de 7º y 8º (niños de 12 y 13 años), de Lengua Castellana, Sociales e Inglés. Éste es su horario de clases. Comenta con tu compañero cuándo da cada asignatura y con qué frecuencia y cuándo realiza otras actividades:

	Lunes	Martes	Miércoles	Jueves	Viernes
9–10	Lengua castellana 8º	Inglés 7º	Lengua castellana 8º	Inglés 7º	Lengua castellana 8º
10–11		Sociales 7º		Lengua castellana 7º	Sociales 7º
11–12	Sociales 8º	Sociales 8º	Lengua Castellana 7º		Sociales 8º
12–13	RECREO				
13–14	Control Comedores		Control comedores		Control comedores
14–15	RECREO				
15–16	Inglés 8º	Lengua castellana 7º	Inglés 7º	Inglés 8º	Inglés 8º
16–17	Sociales 7º		Tutoría 8º	Tutoría 7º	Reunión profesores

Exámenes: 15 de diciembre, 30 de marzo y 15 de junio.
Evaluaciones: día 30 de cada mes.

3.4.

Un amigo y tú os encontráis por la calle:

● tú
○ tu compañero

● Ves que tu amigo:
Está muy delgado

○ Explícale por qué:
Operación estómago hace varios meses

● *¡Qué delgado estás!*

○ *Sí es que me operaron del estómago y a partir de la operación me he adelgazado mucho.*

1. Tiene una pierna rota.

Ir andando tranquilamente.
Salir un coche por la izquierda.
Apartarse antes de atropellarle el coche, caerse y romperse la pierna.

2. Tiene cara de estar de mal humor.

Estar deprimido.
Muerte de su padre el verano pasado.

3. Parece que tiene prisa y no tiene tiempo de charlar.

Tener que ir al banco a sacar dinero.
Los bancos cierran a las dos y falta poco para cerrar.

4. Está muy gordo.

Jugar al tenis tres veces a la semana.
Lesión en septiembre. Ahora no hace deporte.

5. Está muy contento.

Su mujer embarazada.
Seis años intentando tener un niño.
Se lo ha dicho el médico esta mañana.

3.5.

Has quedado en un bar con un amigo, pero, por una serie de razones, llegas tarde.
(Recuerda que a veces la excusa no es suficiente y hay que decir algo más:)

● tú
○ tu compañero

– Mucho tráfico

●
– Una reunión de cinco horas, pesadísima
– Una llamada telefónica al salir del despacho
– Llegada de unos amigos de fuera
– Una película muy buena en la tele de mayor duración de la esperada
– Reparación de la lavadora más larga de lo previsto
– Pinchazo y rueda de repuesto sin aire

● *Siento llegar tarde pero es que hay un tráfico tremendo. He tardado una hora desde la Puerta del Sol hasta aquí.*

○ *No te preocupes yo también acabo de llegar.*

3.6.

Estáis en estas situaciones:

● tú
○ tu compañero

A las 12h. teníais que entregar al jefe un trabajo terminado. Son las 12,25 h. Tu parte ya está terminada pero tu compañero sigue trabajando.

● *¿Te falta mucho todavía?*

○ *No, no mucho. Así que corrija esto te lo doy.*

● *Intenta tenerlo cuanto antes, por favor.*

1. Hace diez minutos que quieres llamar por teléfono, pero tu amigo está hablando con alguien desde hace un buen rato.
2. Tu compañero de piso está en el cuarto de baño desde hace veinte minutos. Tú también tienes que ducharte antes de salir a trabajar y es tarde.
3. Un compañero de trabajo está usando la única máquina de escribir que hay en tu despacho. Tienes que escribir varias cartas antes de la hora de comer.
4. Vas en tren y le has prestado el periódico a un viajero. Bajas en la próxima estación y él lo está leyendo todavía.
5. Un amigo tuyo está en una reunión. Lo llamas por teléfono para quedar esta misma tarde.

3.7.

Habéis decidido invitar a unos compañeros de clase a un aperitivo en casa de uno de vosotros. Falta muy poco para que lleguen y todavía os quedan muchísimas cosas por hacer. Distribuíros el trabajo.

● tú
○ tu compañero

Cortar jamón a dados.
Sacar los cubitos de la nevera.

● *Yo corto el jamón y, mientras tanto, tú sacas los cubitos, ¿vale?*

○ *Sí, sí. ¿Y dónde los pongo?*

● *Aquí mismo.*

1. Abrir unas latas de aceitunas.
   Bajar un momento a comprar servilletas de papel.
2. Poner los vasos en una bandeja.
   Preparar unos canapés de queso.
3. Limpiar y colocar ceniceros por la sala.
   Poner champán en el congelador.
4. Hacer pan con tomate.
   Llevar los cubiertos a la sala y ponerlos junto a los vasos.
5. Barrer la sala.
   Recoger un poco la cocina.

3.8.

Tú conoces bastante bien la cultura española y, en concreto, tienes bastante información sobre estos personajes. Como tu compañero se interesa por saber quiénes son y qué han hecho, podrías explicárselo.

Antonio Machado

1874 (26 de julio) Nace en Sevilla.
(14 de enero) Entrada de Alfonso XII en Madrid.
1883 Traslado de la familia a Madrid. Nombramiento del abuelo Catedrático de la Universidad.
1885 Muerte de Alfonso XII. Nacimiento de Alfonso XIII. Regencia de María Cristina, su madre.
1893 Muerte del padre. Publicación de los primeros artículos en una pequeña revista: "La caricatura".
1895 Muerte del abuelo. Familia en mala posición económica.
1899 Viaje a París. Trabaja con su hermano para la editorial Garnier.
1900 Título de bachiller.
1901 Publicación de sus primeros poemas.
1902 (Abril-agosto) Segundo viaje a París. Encuentro con Rubén Darío.
Regreso a España. Amistad con Juan Ramón Jiménez.
(13 de febrero) Huelga general revolucionaria en Barcelona.
(17 de mayo) Coronación de Alfonso XIII.
1903 Publicación de "Soledades".
1907 Empleo estable en Soria. Gana las oposiciones a la Cátedra de lengua francesa.
1909 (Julio) Boda con Leonor.
1911 (Enero) Viaje a París. Asiste a las clases de Bergson.
(Principios de enero) Envío al editor del manuscrito de "Campos de Castilla".
(Julio) Primeros síntomas de tuberculosis de su mujer.
(Septiembre) Regreso a Soria.
1912 (1 de agosto) Muerte de su esposa.
(agosto-octubre) Se instala en Madrid.
1917 Publicación de "Páginas escogidas" y "Poesías completas".
1919 Traslado al Instituto de Segovia.
1923 Dictadura de Primo de Rivera, aceptada por Alfonso XIII.
1924 Publicación de "Nuevas canciones".
Miembro del Jurado que otorga el Premio Nacional de Literatura a Rafael Alberti y a Gerardo Diego.
1930 Dimisión de Primo de Rivera.
1931 (12 de abril) Elecciones municipales en España: triunfo de las candidaturas republicanas. Exilio de Alfonso XIII.
(14 de abril) Participa en la ceremonia de proclamación de la República, en Segovia. Gobierno de Manuel Azaña, con apoyo socialista.
(Septiembre) Traslado a un Instituto de Madrid.
1936 Inicio de la Guerra Civil. Traslado a Valencia (zona republicana).
(18 de julio). Inicio de la guerra civil.
1937 Colaboración en publicaciones republicanas.
(26 de abril) Bombardeo de Guernica.
(18 de julio) Caída de Bilbao.
1938 (Abril) Se traslada con su familia a Barcelona.
(15 de abril) Las tropas franquistas llegan al Mediterráneo.
(Julio) Última ofensiva republicana en el Ebro.
(31 de octubre) Traslado del Gobierno republicano a Barcelona.
1939 (26 de enero) Entrada del ejército franquista en Barcelona.
(27 de enero) Exilio a Francia. Llegada a Colliure el 28 de enero.
(22 de febrero) Muerte.

María Zambrano

1905 (Abril) Nace en Vélez, Málaga.
Niñez en Segovia.
Juventud en Madrid. Estudios universitarios. Alumna de Ortega y Gasset y de Xavier Zubiri.
1936 (Septiembre) Boda. Nombramiento de su marido como Secretario en la Embajada de Chile. Traslado a Chile.
Publicación de "Los intelectuales en el drama de España" y "Antología de García Lorca".
1937 (Mayo) Regreso voluntario a España.
1939-1985 Exilio definitivo. Viaje a Francia y, luego, a Méjico.
Profesora en la Universidad de La Habana (Cuba).
Viajes de estudios a Puerto Rico, París y Roma.
Larga estancia en Roma.
Ginebra: último lugar del exilio.
1985 (Noviembre) Regreso a España.

Gabriel García Márquez

1928 Nace en Aravaca, zona bananera de Colombia. Su madre se va a Riohacha. Vive ocho años con sus abuelos. Infancia triste y aburrida. Conoce a su madre a los 6 años.
1936 Colegio en Barranquilla.
Estudios en Bogotá. Depresión en la ciudad. Sentimiento de soledad.
1940 Se va de casa.
1947 Ingreso en la Universidad (Facultad de Derecho).
Amigo de Camilo Torres (muerto en la guerrilla años más tarde)
1947-1957 Escribe diez cuentos.
1948 Se cierra la Universidad por razones políticas. Se matricula en la Universidad de Cartagena. Estudios de periodismo.
1950 Regreso a Barranquilla. Trabaja en un periódico. Tertulia diaria con intelectuales amigos.
1951 "La hojarasca", primera novela. (Publicada en 1955).
1954 Vuelta a Bogotá. Trabajo en el periódico "El espectador".
1955 Entrada en el Partido Comunista Viaje por Europa, como periodista.
Intenso trabajo como escritor.
1958 Regreso a Colombia. Boda.
1959 Viaje a Cuba.
1961 Larga estancia en Nueva York. Trabajo en "Prensa Latina" (sub-jefe)
1967 Publicación de "Cien años de soledad".
1975 Publicación de "El otoño del patriarca". Actividades en defensa de los pueblos oprimidos.
1981 Publicación de "Crónica de una muerte anunciada".
1983 Premio Nóbel de Literatura.
1985 Publicación de "El amor en los tiempos del cólera".

4. ¡Ojo!

4.1. Usos del subjutivo: partículas temporales

Sucesión inmediata

Cuando nos referimos a una acción que va a realizarse

Así que
En cuanto   +   SUBJUNTIVO

Ej.: Os llamo y os digo algo así que recibá el telegrama.

En cuanto salgas, del trabajo, pásate por casa, por favor.

Cuando nos referimos a una acción que ya se ha realizado o que se realiza habitualmente

Así que
En cuanto   +   INDICATIVO

Ej.: Así que cambia el tiempo, le duele el brazo.

Rafael me cayó bien en cuanto lo vi.

Anterioridad

Antes (de) que lleva siempre subjuntivo: para referirse al futuro, al pasado o a acciones habituales.

Antes (de) que   +   SUBJUNTIVO

Ej.: Díselo antes de que se entere por los vecinos.
     (tú)   (él)

Sujetos diferentes

Me fui antes de que llegaran los Pérez.
(yo)   (ellos)

Antes de   +   INFINITIVO

El mismo sujeto

Ej.: Antes de tomar esa decisión, deberías hablar con él.
            (tú)   (tú)

También se puede usar el infinitivo si el sujeto está explícito, ya sea pronombre o nombre

Ej.: Me fui antes de llegar los Pérez.
       (yo)   (ellos)

Antes de llegar tú, llamó Juan por teléfono.
         (tú)   (él)

Simultaneidad

Si son acciones que van a realizarse en el futuro

Mientras   +   SUBJUNTIVO

Ej.: Mientras estés allí, escríbenos.

Si son acciones que realizamos habitualmente

Ej.: Mientras Andrés <u>baña</u> a los niños, yo hago la cena.

Si nos referimos a acciones pasadas:

Ej.: Mientras <u>estaba</u> en el banco, me robaron el coche.

*Si no referimos a acciones que vamos a realizar inmediatamente
(expresadas en presente con valor de futuro)*

Ej.: Mientras <u>bajo</u> a comprar, tu ordenas un poco la cocina.

Mientras + INDICATIVO

4.2. Mientras/mientras tanto

Si las acciones tienen duraciones claramente distintas:

> *Cuando una acción dura más que la otra, la de mayor duración suele ser la introducida por mientras*

Ej.: Mientras <u>estaba</u> en el banco, me <u>robaron</u> el coche.

Mientras tanto, *va delante de la de menor duración*

Ej.: <u>Estaba</u> en el banco y, mientras tanto, me <u>robaron</u> el coche.

4.3. Imperfecto de indicativo: acción no cumplida.

> *Cuando nos referimos a una acción pasada, que no llega a realizarse, pero que teníamos la intención o disposición de realizarla, utilizamos el imperfecto de indicativo.*

Ej.: <u>Salía</u> de casa cuando sonó el teléfono, eran mis padres.

> (No llegué a salir de casa)

Me encontré con César cuando <u>entraba</u> en el café, nos fuimos al cine.

> (No llegué a entrar en el café)

4.4. Usos del subjuntivo: perdonar

Perdona/e + que + SUBJUNTIVO

<u>Perdona</u> que no te <u>haya llamado</u>. Es que tenía mucho trabajo.

(tú) (yo)

182

4.5. Pluscuamperfecto de indicativo

Cuando nos referimos a una acción pasada, anterior a otra de la que ya hemos hablado, utilizamos el pluscuamperfecto

Día 15: Toledo   Día 16: alrededores de Madrid   Día 17: centro de Madrid.

Ej.: El día 15 visitamos Toledo, el 16 los alrededores de Madrid y el día 17 recorrimos el centro de Madrid.

Ej.: El día 15 visitamos Toledo y el 17 recorrimos el centro de Madrid. ¡Ah! Y el día anterior habíamos recorrido los alrededores de Madrid.

4.6. Llevar + infinitivo/llevar + gerundio

4.7. Estar a punto de/Acabar de

5. Dale que dale

5.1.

Llegas a tu oficina y te encuentras con estas notas. Coméntale a tu compañero lo que tienes que hacer. Usa antes de (que), en cuanto, así que o cuando.

Ha llamado Suarez: Ponte en contacto con él hoy por la noche o mañana a primera hora. A mediodía se va para Caracas. ¡URGENTE!

Por favor: Esta noche, cuando llegues, pon la calefacción. Yo llegaré tarde. Ana

Pasa sin falta por casa de tus padres. Mañana se van una temporada con la abuela.

Recuerda devolver a Elvira las 12.000.- (las necesita para este fin de semana.)

Saca hoy mismo las entradas para el concierto. Me han dicho que casi no quedan. Gracias Rafa

COMPRAR EL TELEVISOR. EL LUNES TERMINA LA OFERTA.

5.2.

Une las frases utilizando las siguientes partículas y haciendo las transformaciones necesarias:

antes de (que)
después de
mientras (tanto)
en cuanto/así que

Estaba duchándome.
Llamó Isidro por teléfono.

Mientras estaba duchándome, me llamó Isidro por teléfono.

1. Los de la agencia me dirán esta semana si hay billetes o no. Estamos en la lista de espera. Te dejaré el recado enseguida en casa de Susana.

2. Los Fuertes se fueron a vivir a las Canarias en noviembre. La semana anterior habían vendido el coche y la casa.

3. Yo voy a comprar al mercado. Tú puedes tender la ropa.

4. Juan se va a la mili el próximo fin de semana. Pedro hará su trabajo en la oficina.

5. Tendríamos que terminar de poner al día la correspondencia. Va a venir el Sr. Ibáñez.

6. Generalmente comen a las dos. A las tres suelen salir a dar un paseo.

7. Se enteró de la noticia por los periódicos. Inmediatamente llamó a sus padres.

5.3.

Completa con indicativo o subjuntivo:

1. Oye, Juan, perdona que no te (PASAR)—————— a máquina el informe. Es que no he tenido tiempo.

2. En cuanto (LLEGAR)—————— a Córdoba, nos llamó por teléfono.

3. No te preocupes, pasaré por casa de tus padres así que (SALIR)—————— del banco, a eso de las tres.

4. Parece ser que el robo fue antes de que (ABRIR)—————— la tienda.

5. Mientras yo (HACER)—————— las camas, tú (QUITAR)—————— el polvo del comedor.

6. Anoche, cuando llegué a casa, ya (MARCHARSE)—————— mi hermana y no pude hablar con ella.

7. Ve al dentista antes de que (SER)—————— demasiado tarde y (TENER)—————— que sacarte la muela.

8. Mientras (ESTAR)—————— Pilar en tu casa no iré a verte. Ya sabes lo mal que me cae.

5.4.

Forma frases con un elemento de cada caja:

| el otro día |
| anoche |
| el martes |
| esta mañana |
| hace un rato |
| ayer |
| la semana pasada |
| hace un par de días |

| subir por las escaleras |
| salir de casa |
| ir a cenar |
| entrar en el despacho |
| estar a punto de acostarme |
| subir en el ascensor |
| estar viendo una película |
| ir al trabajo |

| cuando |
| y |

| irse la luz |
| estropearse en el cuarto piso |
| llegar unos amigos a verme |
| darme cuenta de que no tener pan |
| llamarme el jefe |
| caerme |
| llamar al timbre. Ser la vecina |
| robar el bolso en el metro |

5.5.

Une las frases según el modelo, añadiendo las partículas que sean necesarias:

El jueves le regalé el encendedor.
El viernes lo perdió.

El viernes perdió el encendedor que le había regalado el día anterior.

1. En junio abrimos una tienda en Barcelona.
   En septiembre abrimos una tienda en Madrid.

   _____

2. Anteayer llegué a la escuela a las 10.20h. Había mucho tráfico.
   Las clases comienzan a las 10h.

   _____

3. Llamé a Gerardo a la hora de comer.
   Gerardo salió de casa antes de comer.

   _____

4. El día 24 vimos en Zaragoza a Julián.
   El día 22 lo vimos en Santander.

   _____

5.6.

Haz diálogos semejantes al modelo. Utiliza: tardar, durar, en o a eso de...

- ● Esperas al Sr. del Oso.
- ○ Eres su secretario/a. Sabes que llega a las 7h. Son las 6.30h.

  ● *¿Tardará mucho el Sr. del Oso?*
  ○ *No, no creo (que tarde). Suele llegar a eso de las 7.*

1. ● Vas a una conferencia. Tienes que estar en casa a las 8h.
   ○ Sabes que el conferenciante habla mucho.
2. ● Vas a cenar con tu compañero. Habéis reservado mesa para las 10h. Estáis esperando la llamada de su padre.
   ○ Sabes que siempre llama a las 9.30h. Son casi las 9.30h.
3. ● Un amigo te ha invitado a cenar a su casa. Tienes hambre. Está haciendo una paella.
   ○ Sabes que un buen arroz lleva unos veinte minutos para estar a punto.
4. ● Tu compañero te invita al cine. La sesión empieza a las 6h. Tienes una reunión de vecinos de la escalera a las nueve de la noche.
   ○ Sabes que la película termina aproximadamente a las 8.30h.
5. ● Has ido a pasar unos días a casa de un amigo. Hoy él tiene que ir a su clase de gimnasia. Quieres saber cuánto tiempo te quedarás sólo.
   ○ La clase de gimnasia es de una hora y media. El gimnasio está a unos 10 minutos de tu casa.

6. Todo oídos

6.1.

Reacciona.

6.2.

Escucha la siguiente narración de un caso que resolvió el famoso detective Sergio Olmo, contesta a las preguntas y ayúdale a descubrir al culpable:

1. ¿Cuánto tiempo tardaron Guasón y Olmo en llegar a la casa?
2. ¿Cuándo se dió cuenta Olmo del mal carácter de Quijano?
3. ¿Cuándo descubrió Quijano el asesinato?
4. ¿Cuándo había conocido Tórmez a la chica de la foto?
5. ¿Qué ponía en la nota?
6. Guasón empezó a sospechar de Quijano en un momento determinado: ¿Cuándo y por qué?
7. ¿Con qué frecuencia iba la novia a ver a Tórmez?
8. ¿Por qué sospechan de Martín Marco? ¿Qué explica él?
9. ¿Quién crees tú que fue el culpable?

6.3.

Escucha estas ocho conversaciones, toma notas y contesta qué pasó en cada caso.

7. Tal cual

¿Puedes reconstruir, con tu compañero, la historia de esta pareja?

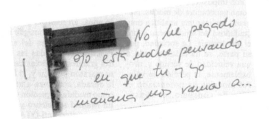

No suelo aceptar regalos de desconocidos, pero este bolígrafo es tan bonito que me obliga a hacer una excepción.

Muchísimas gracias.

No he pegado ojo esta noche pensando en que tu y yo mañana nos vamos a...

EN SU AUSENCIA

La ecografía nos confirma que es ¡Niño! Será como tú, seguro.

Gracias por estos 5 maravillosos años de matrimonio.

Hoy, por fin hemos terminado de pagar la casa ¿que tal si lo celebramos en Bruselas?

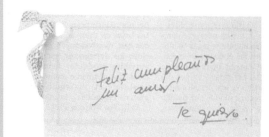

Feliz cumpleaños mi amor!

Te quiero.

¿Y que pasó con el pastel?
Cuéntanoslo paso a paso:

VIDA PERRA

Tom y Boby estaban invitados a una fiesta.

Esperaron y esperaron.

El olor de la tarta era delicioso.

Y qué decir del sabor. Probaremos un poquito.

Y probando y probando se terminó el pastel.

Le está bien empleado por tardar tanto.

8. Allá tú

9. Somos así... ¡qué le vamos a hacer!

▭ "Las cuatro y diez" *Aute*

Fausto le pagó a la mujer de los lavabos, se incrustó en el entrante de la pared e introdujo la ficha en el teléfono. Mientras esperaba respuesta, veía el bar lleno de gentes bien vestidas y, en uno de los recodos de la barra, a Nieves, que se separaba de vez en cuando con los brazos estirados. Al establecerse la comunicación, se sorprendió, ignorando durante unos instantes a quién llamaba.

—Soy yo, Fausto.

—¿Quién?

—¡Yo!

—Ah, Fausto —dijo su mujer—. Grita un poco más, que no se te oye.

—Es que estoy aquí, en una tasca, y hay mucho barullo.

—¿Cuándo vas a venir a recogernos?

—Para eso te llamaba. Hemos estado...

—¿Qué dices? No se oye.

Fausto se volvió de espaldas y se cerró el oído fuertemente con la yema del dedo índice.

—Que hemos estado en la comida de la oficina y ahora estoy con unos compañeros, tomando unos chatos.

—Las niñas y yo seguimos esperándote.

—Para eso te llamo. Que tardaré aún un poco, porque estamos aquí unos compañeros y...

—Fausto —le interrumpió—, llevo toda la tarde en casa de tus padres y ya está bien.

—Luisa, no te permito que...

—Y ya está bien, digo yo. De comidas y de juergas. Que llevas sin aparecer desde esta mañana temprano. Y las niñas se caen de sueño.

—Luisa, iré cuando me dé la gana, ¡Cuando me dé la real gana! Y tú me esperas ahí, ¿entendido? —Fausto creyó oír algo diferente al ruido del bar y al zumbido del teléfono— ¿Que si has entendido?

—Que sí, Fausto —dijo su mujer muy de prisa, antes de cortar la comunicación.

La vieja de los lavabos, apoyada en la pared de baldosines azules, miraba a un punto indeterminado del local. Fausto se detuvo a encender un cigarrillo, con las manos temblonas.

—¿Has llamado ya? —dijo Nieves.

—Sí. Oiga, ponga otra ronda.

—Decía ésta —la barbilla de Nieves señalaba a Julita, de charla con Pedro— de irnos a cenar por ahí, a cualquier taberna barata.

A Nieves la piel de la frente se le apretaba en unos finos haces de arrugas. Fausto le miró despacio los ojos, un poco humosos, su sonrisa, sus largos brazos pecosos, de una carne como tibia y floja.

—Gustarme, me gustaría ir con vosotros, pero mi mujer... Tengo que ir a recogerla a casa de mis padres.

—Qué remedio, claro —Nieves se recostó en la barra—. Hombre, ¿por qué no te traes a tu mujer?

—Por las niñas. Nunca podemos salir de noche por las niñas. Yo me quedaría, Nieves, porque lo estamos pasando tan ricamente, ¿verdad? —Nieves asentía, con unos mínimos y graves movimientos de cabeza—. Pero no he ido a comer y ella lleva toda la tarde con los viejos y con las crías, que, además, a estas horas se ponen inaguantables. ¿Lo ves —Fausto moduló una breve risa artificial y ronca— como es mejor la soltería? Si yo ahora estuviese soltero...

Mientras caminaban por las estrechas calles, hacia la Gran Vía, Nieves oía a Fausto, salvo en los momentos en que se retrasaba o se adelantaba, movida por la muchedumbre. Pedro y Julita la cogieron del brazo durante un trecho. Fausto no cesaba de hablar y, a veces, reía. Fausto llevaba una chaqueta de cheviot, de tonos marrones, y, en el ojal de la solapa, la insignia del Atlético de Madrid. En la rotonda del Metro de la Red de San Luis se detuvieron.

—Yo —anunció Fausto— voy a coger un taxi. Vosotras os quedáis con Pedro, ¿no? Bueno, que lo hemos pasado muy bien.

—Ya nos dirás el lunes —dijo Nieves— lo que te debemos cada uno.

—Sí, mujer, no te preocupes.

—Oye —dijo, de repente, Julita—, ¿vas hacia Cuatro Caminos?

—¿No te irás a largar ahora?

—Sí, Pedro. Es la hora de la cena.

Gente de Madrid, **García Hortelano**

FORGES

190

9

¿TÚ POR AQUÍ?

1. ¿Qué me cuentas?

En las fiestas del pueblo

- ¡Hombre! ¡Qué sorpresa! Vosotros por aquí... Precisamente estábamos hablando de ti, de la cantidad de tiempo que hacía que no venías por aquí...
- Sí, es verdad. Hacía siglos que no nos veíamos.
- ¿Qué cuentas? ¿Cómo te va por Zaragoza?
- Pues bien, pero echo bastante de menos a la familia y a los amigos... Aunque allí también conozco a gente, claro.

- ¿Quién es esa chica con la que estabas hablando?
- La hermana mayor de Elena.
- No me digas... No se parecen en nada.
- Físicamente, no, pero de carácter...

- ¿De qué conoces a Adolfo?
- Nos presentó hace años un amigo común y nos hicimos muy amigos. ¿Por qué?
- No, por nada. Es bastante mayor que tú, ¿no?
- No, qué va, sólo nos llevamos un par de años. Lo que pasa es que parece mayor de lo que es.

- ¿A qué no sabes qué día es hoy?
- Ni idea.
- Pues, mi santo.
- Podrías habérmelo dicho antes, mujer. Felicidades.

- Pues nada, a pasarlo bien.
- Gracias, igualmente.

- ¿Qué tomas? Te invito.
- De momento nada, gracias.
- ¿Y no te apetece picar algo?
- No, en serio, quizá más tarde. No tengo nada de apetito.

- ¿Está libre esta silla?
- Sí. Creo yo, vaya...

- Estás cada día más guapa y, además este peinado te queda muy bien.
- Anda, no exageres.

192

2. Se dice así

2.1. Hablar de las personas

2.1.1. De los parecidos

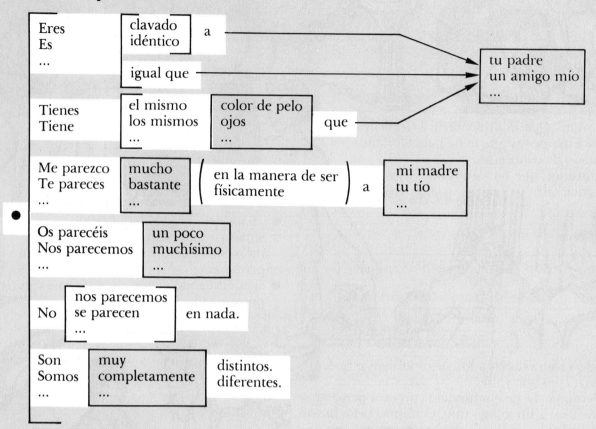

2.1.2. De los cambios

2.1.3. De las diferencias de edad

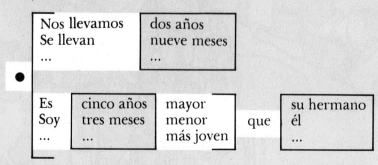

2.1.4. Del origen de una relación

● ¿De qué | le conoces / os conocéis / ... | ?

O

De | el trabajo / la Universidad / ... | / | Trabajamos / Estudiamos / ... | juntos.

Nos conocimos en | un viaje / una fiesta / ...

Somos | vecinos / compañeros de clase / ...

Es / Era / ... | vecino / amigo / ... | de | un amigo mío / un compañero mío de trabajo / ...

Nos presentó | un amigo común / un cliente de la empresa / ...

2.1.5. De las apariencias

● Parece / Pareces / ... | mayor / más → joven / culto / ... | de lo que | es / eres / ... | / | Es / Eres / ... | mayor / más → joven / culto / ... | de lo que | parece. / pareces. / ...

2.1.6. Identificar a alguien

● ¿Quién es | la señora / el chico / ... | a / con / de / ... | la/el que / quien | le ha dado la carta / están hablando Pepe y su mujer / estábais hablando / ... | ?

2.2. Expresar nostalgia

● Echo (mucho) de menos | mi casa / la comida de mi país / ... | a | mis hermanos / los viejos amigos / ...

Te/Le/Os/Les echo (mucho) de menos.

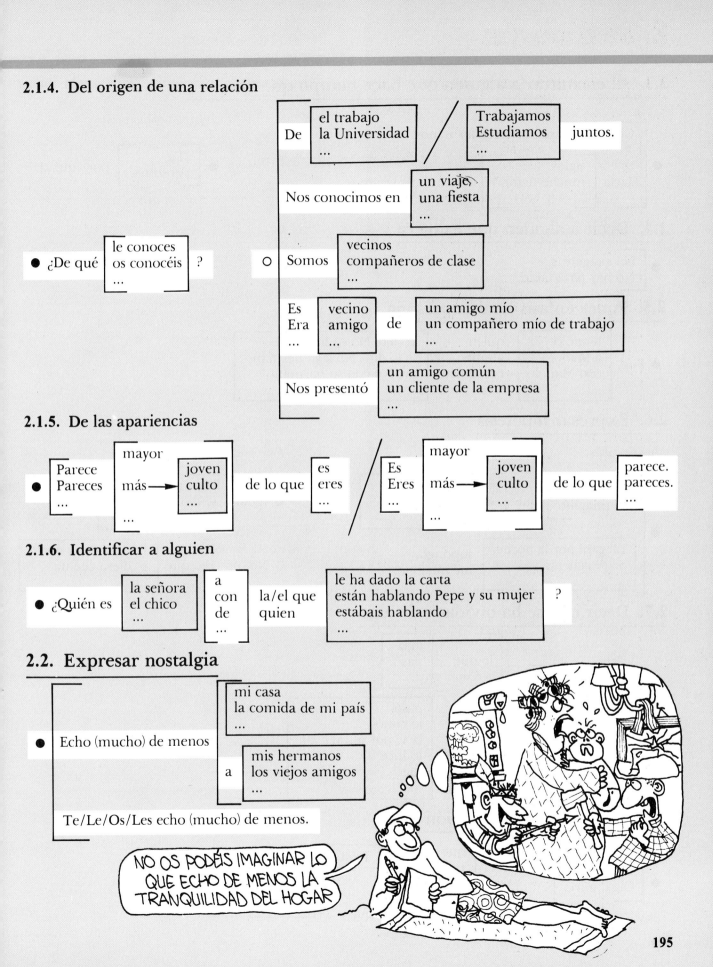

NO OS PODÉIS IMAGINAR LO QUE ECHO DE MENOS LA TRANQUILIDAD DEL HOGAR

195

2.3. Al encontrar a alguien que hace tiempo que no se ve

● ¡Cuánto tiempo sin verte/le/os/nos!

Hacía
- siglos
- mucho tiempo
- ...

que no nos veíamos.

Informal con sorpresa

● ¡Tú
¡Vosotros
por aquí...!

2.4. Decir a alguien que exagera

● No exagere/s.
No hay para tanto.

2.5. Poner énfasis en una persona

● Fue
Manolo	quien	lo dijo. No su hermano
a Manolo	a quien	se lo dije. No a su hermano
con Manolo	con quien	fui. No con su hermano
...	...	...

2.6. Expresar hipótesis

Muy probables

● Supongo
Me imagino
que
llegará por la noche
se dio cuenta
...

Llegará por la noche,
Se dio cuenta,
...
supongo.
me imagino.

Poco probables

● Igual
llega por la noche
se dio cuenta
...

○ No, no creo que
llegue por la noche
se diera cuenta
...

2.7. Decir que se ha olvidado de algo

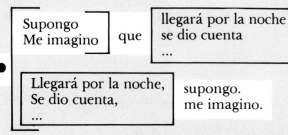

● No recuerdo
No me acuerdo de

lo que
- dijo
- pasó
- ...

qué
dónde
cuándo
cómo
quién
...

pasó
lo conocí
la vi por última vez
lo hice
fue
...

2.8. Cortar una conversación

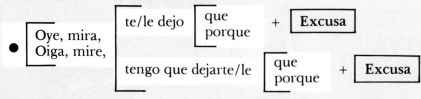

● Oye, mira,
Oiga, mire,

te/le dejo
que
porque
+ Excusa

tengo que dejarte/le
que
porque
+ Excusa

2.9. Invitar a tomar algo, aceptar y rechazar

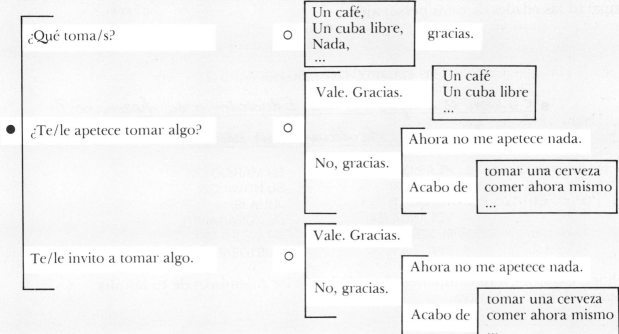

- ¿Qué toma/s?   ○ Un café, / Un cuba libre, / Nada, / ...   gracias.

- ¿Te/le apetece tomar algo?   ○ Vale. Gracias.   Un café / Un cuba libre / ...

  No, gracias.   Ahora no me apetece nada.

  Acabo de   tomar una cerveza / comer ahora mismo / ...

- Te/le invito a tomar algo.   ○ Vale. Gracias.

  No, gracias.   Ahora no me apetece nada.

  Acabo de   tomar una cerveza / comer ahora mismo / ...

2.10. Recriminar

- Podrías haber   avisado / pensado que yo me preocuparía / ...

2.11. Disculparse, culpando a otro

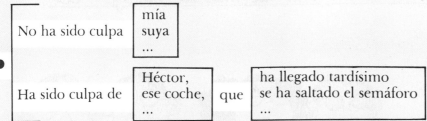

- No ha sido culpa   mía / suya / ...

  Ha sido culpa de   Héctor, / ese coche, / ...   que   ha llegado tardísimo / se ha saltado el semáforo / ...

2.12. Preguntar si está libre una mesa o un asiento

- ¿Está libre / ¿Está ocupada   esta silla / esta mesa / ...   ?

2.13. Para cambiar de tratamiento

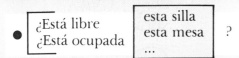

- Trátame de tú. / Tutéame. / ...

Aconsejar un tratamiento

- ¿Qué hago? ¿Le trato de tú o de usted?

  ○ Trátale de tú. / Trátele de usted.

3. Y ahora tú

3.1.

Comparad las edades de estos personajes:

● tú
○ tu compañero

LUIS EDUARDO (24) / SU HERMANO (27)

● *¿Quién es mayor? ¿Luis Eduardo o su hermano?*

○ *Su hermano. Se llevan tres años.*

1. PILAR (36)
2. JAIME (28)
3. TOMÁS (7)
4. YOLANDA (54)
5. EL SEÑOR RAMÓN (47)
6. EVA (20)

SU MARIDO (30)
SU NOVIA (28)
JULIA (9)
SU CUÑADA (61)
SU MUJER (45)
CRISTÓBAL (22)

Y, ahora, explícale a tu compañero las edades de los miembros de tu familia comparándolas con la tuya.

3.2.

Compara a estas personas físicamente:

● tú
○ tu compañero

● *Miguel es clavado a su padre.*

○ *Sí, se parecen muchísimo. Tiene la misma nariz, el mismo pelo...*

3.3.

Tu compañero y tú estáis en un lugar público y veis a gente conocida. Informaos o poneos de acuerdo sobre su identidad:

● tú
○ tu compañero

● ⎡ Ves a un compañero de trabajo tuyo.
    Se llama Félix.
    Está en la barra.
    Se lo presentaste a tu compañero en casa de Toni. ⎦

○ ⎡ No recuerdas quién es. ⎦

● ¿Sabes quién es ése que está en la barra?

○ Su cara me suena pero no recuerdo quién es.

● Es Félix, ese compañero mío de trabajo que te presenté en casa de Toni.

○ ¡Ah! ¡Sí! Ahora, ahora.

1. ● ⎡ Ves a la chica que sale con Quique.
       Se llama Inés.
       Está sentada al lado de Hilario.
       Estuvisteis hablando con ella en la boda de Santi. ⎦

   ○ ⎡ Crees que tu compañero está equivocado.
       La chica se llama Valeria.
       Vive con Damián, un amigo vuestro. ⎦

2. ● ⎡ Ves a una pareja.
       Son los Gavilán.
       Pasaron las vacaciones con los Poncela. ⎦

   ○ ⎡ No los conoces de nada. ⎦

3. ● ⎡ Ves a Ignacio.
       Le has hablado mucho de él a tu compañero.
       Es un amigo de la infancia.
       Jugabas con él de niño. ⎦

   ○ ⎡ Tu compañero nunca te ha hablado de él.
       Sin embargo, lo conoces.
       Hicisteis juntos la carrera. ⎦

4. ● ⎡ Ves al Sr. Carrera.
       Un amigo vuestro, Lorenzo, le compró el coche.
       Lo conocisteis un día en casa de Lorenzo. ⎦

   ○ ⎡ No sabes de qué lo conoces. ⎦

3.4.

Tu compañero y tú sois dos personas que habéis coincidido en una reunión y tratáis de averiguar de qué os conocéis:

● tú
○ tu compañero

● Piensas que a lo mejor lo has visto en casa de tu primo Elías.
Pasas las vacaciones en Mallorca.

○ Crees que es amigo de Florencio.
Pasas las vacaciones en Mallorca

● _Tú y yo nos conocemos de algo, ¿no?_

○ _Sí, creo que sí ¿Tú no eres amigo de Florencio?_

● _No, no conozco a ningún Florencio ¿Tú no estabas, por casualidad, en casa de Matías el otro día?_

○ _Ya está, ya lo sé: tú pasas las vacaciones en Mallorca._

● _Eso es. Nos conocemos de Mallorca._

1. ● Piensas que tal vez lo conoces de la Facultad o a lo mejor de un bar al que vas a menudo.
Fuiste a cenar a casa de Lola. Te presentaron a mucha gente.

   ○ A lo mejor os conocisteis en el aeropuerto donde tú trabajas.
Eres íntimo amigo de Lola.

2. ● Crees que le has visto en la piscina a la que vas a nadar.
Es el hermano de una compañera tuya de la oficina.

   ○ Quizás le conoces de Ibiza. A lo mejor es amigo de tu hermana Cecilia que conoce a muchísima gente.

3. ● Quizás va a la misma peluquería que tú, o, a lo mejor, compra en la tienda donde tú trabajas.
Por las tardes estudias inglés.

   ○ Crees que estudia inglés en la misma escuela que tú, por las tardes.

3.5.

Explícale a tu compañero cómo conociste a:

tu mejor amigo
la persona que has conocido en la situación más divertida
la última persona que has conocido
la persona más interesante que has conocido
tu novio/a, tu esposo/a, si tienes

● _Yo, a mi ex-marido lo conocí en la Universidad._

Coméntale también alguna de sus características personales más destacadas.

3.6.

Tu compañero y tú sois dos viejos amigos que os encontráis por la calle casualmente. Hace mucho tiempo que no os habéis visto:

● tú
○ tu compañero

● Salúdale.
○ Responde al saludo.
● Propónle ir a un bar a tomar algo e invítalo.
○ Busca un sitio libre, en el bar.
● Coméntale los cambios que notas en él.
○ Coméntale los cambios que tú también encuentras en él.
● Te quejas de que has engordado mucho.
○ Tranquilízalo. Tú crees que exagera un poco.
● Recuerdas algo de una época pasada que te inspira nostalgia.
○ Tú también lo recuerdas como algo muy agradable.
● Tienes que irte. Corta la conversación y discúlpate.
○ Al salir del bar te encuentras con un pariente tuyo. Tu amigo no lo conoce. Preséntaselo.
● Responde a la presentación.

3.7.

Tu compañero y tú os encontráis en estas situaciones:

● tú
○ tu compañero

Vais a una cena en casa de un amigo común.
● Está enfadado porque no habéis llegado a la hora que habíais quedado y no habéis llamado.
○ Habéis llegado tarde porque Andrés ha querido ir a pie.

● _Podrías haber llamado para avisar de que llegarías tarde, ¿no?_

○ _Lo siento. No ha sido culpa mía sino de Andrés que ha querido venir a pie._

1. Abres el frigorífico para coger la leche y no hay.
   - ● Tú crees que tu compañero no ha comprado leche esta mañana.
   - ○ Has comprado leche. Ana se la ha tomado.

2. Acabáis de daros un golpe con otro coche.
   - ● Tú crees que tu compañero, el conductor, no ha frenado a tiempo.
   - ○ El otro coche no ha respetado el semáforo.

3. Te despiertas y son las ocho de la mañana. Tendrías que haberte levantado a las siete y media.
   - ● Crees que tu compañero no te ha llamado. El está desayunando.
   - ○ No te dijo nada anoche. Se olvidó de poner el despertador.

4. Te apetecía ir al concierto de jazz de esta noche.
   - ● Tu compañero tenía que sacar las entradas pero no las ha sacado. Ya no hay entradas.
   - ○ Se lo has pedido a Rafael pero se ha olvidado.

3.8.

Tu compañero y tú os encontráis en las siguientes situaciones y algo os sorprende u os preocupa. Intentad buscar explicaciones formulando hipótesis:

- ● tú
- ○ tu compañero

Habéis quedado en un restaurante con un cliente de vuestra empresa a las 2h. Son las 2,30h. y no ha llegado todavía.

- ● _¡Qué raro! Igual no me entendió._
- ○ _No, no creo. Puede ser que haya tenido algún problema con los vuelos._

1. En el tren, cuando se acerca el revisor, no encontráis por ningún lado los billetes.

2. El electricista ha prometido venir a casa a arreglar algo y no viene.

3. Habéis mandado un ramo de flores a una amiga. Ya han pasado varios días y no os ha llamado para daros las gracias.

4. Una empresa, que es cliente de la vuestra desde hace años, deja de serlo.

5. Llega un telegrama en el que un amigo que está de viaje por el extranjero os pide que le mandéis algo de dinero urgentemente.

4. ¡Ojo!

4.1. Usos del subjuntivo: Hipótesis

Cuando nos referimos a una acción que tiene muchas posibilidades de realizarse o de haberse realizado

Supongo
Me imagino   que   +   INDICATIVO

Para marcar la inseguridad, la duda, se utiliza con frecuencia el futuro de probabilidad en acciones presentes o pasadas.

Ej.: Supongo que llamarán antes de las diez.

Me imagino que ya habrá terminado.

A estas horas supongo que ya estará en casa.

Cuando nos referimos a una acción que tiene muy pocas posibilidades de realizarse o de haberse realizado

Igual   +   INDICATIVO

Cuando es una acción presente o futura, utilizamos el presente.

Ej.: Igual nos cambiamos de piso este verano.

Igual se lo han dicho.

No creo que   +   SUBJUNTIVO

Ej.: No creo que nos cambiemos de piso este verano.

Cuando se usa no creer que para preguntar la opinión, se utiliza siempre el INDICATIVO

Ej.: ¿No crees que es lo mejor?

¿No creéis que ésta es la mejor solución?

Para prevenir una posible opinión equivocada de otro

Imperativo   + que +   INDICATIVO

Ej.: No creas que se lo he dicho yo.

4.2. Frases relativas con preposición

Cuando nos referimos a objetos o cosas, utilizamos:

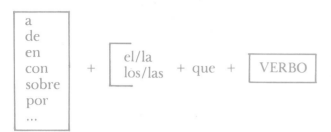

Ej.: Ahí está el hotel.
El Sr. León siempre se queda en este hotel.

Ahí está el hotel │ en el que │ se queda siempre el Sr. León.

Aquí tiene la carta.
Quería hablarle sobre esta carta.

Aquí tiene la carta │ sobre la que │ quería hablarle.

Éste es el coche.
Tuvimos un accidente la semana pasada con ese coche.

Éste es el coche │ con el que │ tuvimos el accidente la semana pasada.

Para referirnos a personas, utilizamos:

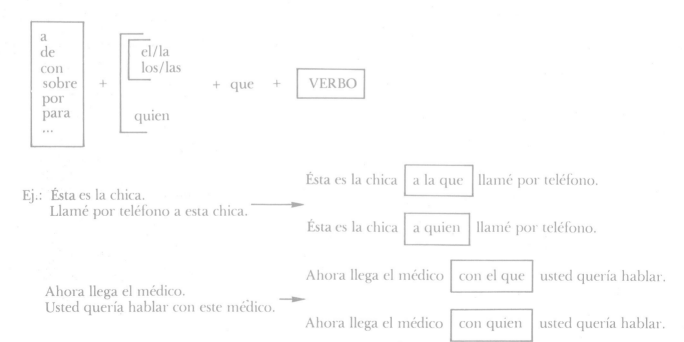

Ej.: **Ésta** es la chica.
Llamé por teléfono a esta chica. ⟶

Ésta es la chica │ a la que │ llamé por teléfono.

Ésta es la chica │ a quien │ llamé por teléfono.

Ahora llega el médico.
Usted quería hablar con este médico. ⟶

Ahora llega el médico │ con el que │ usted quería hablar.

Ahora llega el médico │ con quien │ usted quería hablar.

4.3. Énfasis con el verbo SER

Cuando queremos poner énfasis en una persona, la anticipamos y utilizamos SER

Ej.: Mauro ha roto el cristal. No su vecino.
Ha sido Mauro quien ha roto el cristal, no su vecino.

Anoche vi a Javier en el café. No a su hermano.
Fue a Javier al que vi anoche en el café, no a su hermano.

Invitaremos a tus primos. No a los Ribas.
Será a tus primos a quienes invitaremos, no a los Ribas.

El sábado. quería ir al cine con Carmen. No con su tía.
Era con Carmen con la que quería ir al cine el sábado, no con su tía.

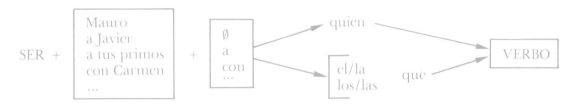

SER + | Mauro / a Javier / a tus primos / con Carmen / ... | + | Ø / a / con / ... | →   quien   → | el/la / los/las | que   →   VERBO

4.4. Quedar

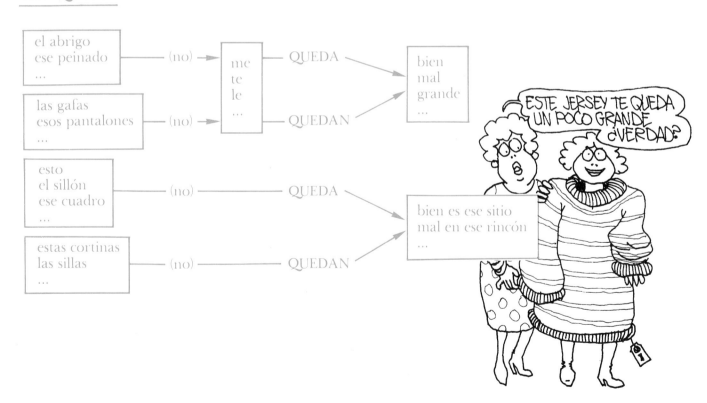

| el abrigo / ese peinado / ... | (no) → | me / te / le / ... | — QUEDA → | bien / mal / grande / ... |
| las gafas / esos pantalones / ... | (no) → | | QUEDAN → | |

| esto / el sillón / ese cuadro / ... | (no) — QUEDA → | bien es ese sitio / mal en ese rincón / ... |
| estas cortinas / las sillas / ... | (no) — QUEDAN → | |

ESTE JERSEY TE QUEDA UN POCO GRANDE ¿VERDAD?

5. Dale que dale

5.1.

Crees que:

- ● Vendrá sólo.

  Me imagino que vendrá sólo.

1. ● Aceptarán nuestras condiciones.

2. ● Se han enfadado.

3. ● Este negocio funcionará bien.

4. ● Será fácil encontrar un apartamento.

5. ● Podremos esquiar porque habrá nieve.

6. ● Contratarán a Anita como secretaria.

7. ● Nos subirán el sueldo a final de mes.

8. ● Crees que el Partido Socialista ganará las elecciones municipales.

No estás de acuerdo:

- ○ Vendrá con Gerardo Aznar.

  No, no creo que venga solo.
  A mí me parece que vendrá con Gerardo Aznar.

○ Querrán hacernos bajar el precio.

○ Les ha sabido mal lo que ha pasado.

○ Hay mucha competencia.

○ Hay mucha gente que busca piso en septiembre.

○ Ha hecho bastante calor estos últimos días.

○ La entrevista no le ha ido muy bien y, además, tampoco tiene mucha experiencia.

○ La empresa tiene serios problemas económicos.

○ En esta ciudad la gente es muy conservadora.

5.2.

Completa con SER o ESTAR:

1. ¡Hombre, Juan! ¡Cuánto tiempo sin vernos! No te había reconocido. ¡Qué cambiado —————

2. Yo a la vecina del cuarto no la soporto. Cada día ————— más antipática.

3. ¿Qué le pasa a Ricardo? ————— muy deprimido, ¿no?.

4. ¿Y si fuéramos a ver "La caída del imperio Rumasino"?. Todo el mundo dice

   que ————— muy buena.

5. Tienes que darme la receta de este pollo. ¡ ————— riquísimo!

6. No te puedes imaginar lo que gasto en electricidad. Mi piso ————— tan frío que tengo que dejar las estufas encendidas todo el invierno.

7. No, a Villarrobledo es mejor no ir porque ————— muy lejos de aquí.

5.3.

Une las dos frases según el modelo:

> Esa es la chica.
> A ella le di el recibo.

Ésa es la chica a la que le di el recibo.

1. Ésta es la carretera.
   En esta carretera tuvimos el accidente.

2. Éste es el tema.
   Quería hablarte sobre este tema.

3. Ésta es la profesora.
   Usted quería hablar con esta profesora.

4. Ésa es la pastelería.
   Ahí compro las pastas que tanto te gustan.

5. Éste es el artículo.
   Te he hablado varias veces de este artículo.

6. Ésta es la empresa.
   En esta empresa trabajaba antes toda mi familia.

7. Ésta es la sala.
   Aquí nos reuniremos por las tardes.

8. Éste es el hotel.
   El Sr. Páez siempre se aloja aquí.

9. Ahí está el chico.
   A ese chico le entregué el paquete que me diste.

10. Ahora llega el abogado Montero.
    Ayer te hablé de él.

5.4.

Tu compañero explica cosas pero, como anda muy mal de memoria, siempre se confunde de persona. Corrígele:

● Lo pasamos muy bien pero Oscar se emborrachó y tuvimos que llevarlo a casa.

○ (GABRIEL) *No, no fue Oscar quien se emborrachó. Fue Gabriel.*

1. ● Le entregamos este documento a su secretaria, se lo aseguro.
   ○ (SU SOCIO)

2. ● Fuimos a esquiar con Jesús.
   ○ (JUAN MIGUEL)

3. ● Nos atendió el Doctor Méndez.
   ○ (DOCTOR VALLE)

4. ● Su abuela se casó tres veces.
   ○ (BISABUELA)

5. ● Pasan todos los fines de semana con sus hermanos.
   ○ (SUS PRIMOS)

6. ● Nos escribió el director de la agencia de Zurich.
   ○ (DIRECTOR DE LA AGENCIA DE GINEBRA)

7. ● Luisa se lo dijo a Teresa.
   ○ (ISABEL)

8. ● Le acompañó al aeropuerto el Sr. Molina.
   ○ (SR. CORTADAS)

5.5.

Completa con la forma correcta del verbo:

1. Todavía no nos han llamado de la tintorería, me imagino que (LLAMAR)——————— esta tarde o mañana.

2. ¿Esos pantalones? No creo que te (QUEDAR)——————— bien porque son un poco estrechos.

207

3. Bueno, que (TENER-vosotros)_____ buen viaje. Igual (IR-nosotros)_____ a veros estas vacaciones.

4. Yo, en tu lugar, me cambiaría de piso. ¿No crees que (SER)_____ un buen momento?

5. ¿Sabes algo de los Fuertes? Supongo que (VENIR)_____ a vernos antes de irse, ¿no?

6. Seguro que se ha dado cuenta. No creas que (SER)_____ tonto.

7. ¡Qué bien (QUEDAR)_____ el tocadiscos aquí!

5.6.

Completa con preposiciones:

1. ¡Qué sorpresa! Vosotros_____ aquí...

2. Pues, aunque no lo creas, yo echo bastante _____ menos a los amigos.

3. Mira,_____ ahí vienen los hermanos Fanjul. ¿Te has fijado?. No se parecen

_____ nada.

4. Adiós y_____ pasarlo bien.

5. No te preocupes, ya verás como llegan _____ un momento _____ otro.

6. Este verano otra vez a los Pirineos. Alicia se ha empeñado _____ volver a Viella.

7. ¡Hola, Rafa...! ¡Oh!, perdone. Lo he confundido _____ otra persona.

8. _____ casualidad, ¿tú no ibas a estudiar a la Biblioteca Nacional?

5.7.

Completa con el verbo quedar:

1. A mí me parece que si te cortaras el flequillo, este peinado _____ mejor.

2. Oye, Mercedes, esas botas grises el año pasado _____ muy bien, pero este año no se llevan tan altas.

3. ¿Has visto lo bien que _____ la casa a los Hurtado? ¡Lo que se habrán gastado!

4. ¡Sabes que esas gafas no _____ nada mal! Pareces más joven.

5. ¡Va, mujer! Cómprate el jarrón. _____ precioso en el salón.

6. No me gusta mucho esta falda. ¿No crees que _____ más moderna si la acortara un poco?

6. Todo oídos

6.1.

Escucha y averigua:

	qué tipo de relación tienen	cómo y dónde se conocieron	cuándo se conocieron
1.			
2.			
3.			
4.			

6.2.

Reacciona.

6.3.

Escucha las siguientes conversaciones y señala si están de acuerdo o no, o no se sabe:

	están de acuerdo	no están de acuerdo	no se sabe		están de acuerdo	no están de acuerdo	no se sabe
1.	☐	☐	☐	9.	☐	☐	☐
2.	☐	☐	☐	10.	☐	☐	☐
3.	☐	☐	☐	11.	☐	☐	☐
4.	☐	☐	☐	12.	☐	☐	☐
5.	☐	☐	☐	13.	☐	☐	☐
6.	☐	☐	☐	14.	☐	☐	☐
7.	☐	☐	☐	15.	☐	☐	☐
8.	☐	☐	☐				

7. Tal cual

¿Por qué no le cuentas a tu compañero lo que sabes de Jesús López Cobos, Carmen Rico-Godoy y Alfonso Ussía?

¿De qué se conocen? ¿En qué se parecen?

8. Allá tú

9. Somos así... ¡qué le vamos a hacer!

🔲 "Un ramito de violetas" *cantada por Manzanita*

—¿Cómo está tu hermano?

—¿Julio? —pareció sorprenderse—. Supongo que bien... ¿Dónde está?

—No lo sé. No viene por aquí, nos llevamos mal.

—Trabaja en lo mismo que tú antes, ¿no? De camarero.

—Ya es encargado. Éste va muy de prisa. ¿Y sabes para quién trabaja? Agárrate.

—Creo saberlo.

—Para el Mandalay. Raúl Reverté. —Lambán sacudió la cabeza tristemente—. Lo que hay que ver... Tu viejo compañero de fatigas puso una especie de boîte en el Ensanche, en unos sótanos de la calle París. Hace apenas un año, Julio estaba allí lavando vasos en la barra y hoy es el brazo derecho de ese sinvergüenza...

—Creía que eras tú —dijo Jan.

—¿Que yo era quién...?

Lambán enarcó las rubias cejas. Jan se explicó:

—Un rubiales estuvo en la taberna donde trabaja mi sobrino preguntando por mí. Quería saber si ya tenía trabajo y dónde. Pensé que eras tú de parte de Freixas.

—Comprendo —dijo Lambán—. Si era mi hermano, fue por orden del Mandalay.

—Eso creo.

—Seguro. ¿Qué iba a querer Julio contigo? El chico apenas te recuerda, no tendría más de diez años cuando venías por casa en San Andrés...

—Sí —dijo Jan pensativo—. Ahora tendrá veinticuatro; los que tú tenías cuando hicimos aquel último trabajo en Hospitalet. Y es tu vivo retrato, idéntico a como tú eras entonces. Eso es lo que me confundió. Por dos veces.

—¿De qué estás hablando? ¿Has visto a Julio?

—En una foto. La foto era mala y tardé un poco en reconocerle; es decir, en reconocerte a ti. Porque creía que eras tú.

Un día volveré, **Juan Marsé**

Si uno vive en Lima tiene que habituarse a la miseria y a la mugre o volverse loco o suicidarse.

Pero estoy seguro que Mayta nunca se habituó. En el Colegio Salesiano, a la salida, antes de subir al ómnibus que nos llevaba a Magdalena, donde vivíamos los dos, corría a darle a Don Medardo, un ciego harapiento que se apostaba con su violín desafinado a la puerta de la Iglesia de María Auxiliadora, el pan con queso de la merienda que nos repartían los Padres en el último recreo. Y los lunes le regalaba un real, que debía ahorrar de su propina del domingo. Cuando nos preparábamos para la primera comunión, en una de las pláticas, hizo dar un respingo al Padre Luis preguntándole a boca de jarro: "¿Por qué hay pobres y ricos, Padre? ¿No somos todos hijos de Dios?" Andaba siempre hablando de los pobres, de los ciegos, de los tullidos, de los huérfanos, de los locos callejeros, y la última vez que lo vi, muchos años después de haber sido condiscípulos salesianos, volvió a su viejo tema, mientras tomábamos un café en la Plaza San Martín: "¿Has visto la cantidad de mendigos, en Lima? Miles de miles." Aun antes de su famosa huelga de hambre, en la clase muchos creíamos que sería cura. En ese tiempo, preocuparse por los miserables nos parecía cosa de aspirantes a la tonsura, no de revolucionarios. Entonces sabíamos mucho de religión, poco de política y absolutamente nada de revolución. Mayta era un gordito crespo, de pies planos, con los dientes separados y una manera de caminar marcando las dos menos diez. Iba siempre de pantalón corto, con una chompa de motas verdes y una chalina friolenta que conservaba en las clases. Lo fastidiábamos mucho por preocuparse de los pobres, por ayudar a decir misa, por rezar y santiguarse con tanta devoción, por lo malo que era jugando fútbol, y, sobre todo, por llamarse Mayta.

Historia de Mayta, **Mario Vargas Llosa**

10

¿Y A USTEDES LES PARECE NORMAL?

1. ¿Qué me cuentas?

En la sede central de RUMATESA

● A mí no me parece mal que vaya Fernández Ros a Ginebra, pero tened en cuenta que Iríbar es un hombre con mucha más experiencia, habituado a este tipo de operaciones, mientras que Fernández Ros sólo lleva medio año con nosotros.

● ¿Tú crees que es normal que anteayer estuvieran a punto de firmar el contrato y hoy digan que no lo firman?
○ Es increíble, desde luego.
△ Si en lugar de esperar tanto tiempo lo hubiéramos firmado hace unos meses, como yo decía, ahora no tendríamos estos problemas.

● Supongamos que MECASA dice, por ejemplo, que como no les compremos una determinada cantidad, no hay trato. ¿Qué hacemos?

● Y, para colmo, van a bajarle el sueldo.
○ Yo no lo veo justo.
● Yo, tampoco. Lo lógico y natural es que todos los que realizan la misma función cobren lo mismo.
○ Claro.

● Creo que tenemos que reunirnos unos cuantos, los que estamos en la misma situación, a fin de evitar que dentro de un tiempo nos despidan o nos reduzcan la jornada.
○ Mira, la jornada nos la van a reducir igual con informe o sin informe.
● O sea que tú prefieres que no hagamos nada, que nos esperemos tranquilamente y que nos quedemos sin trabajo...

● Se asustaría mucho al ver que le habían robado todos los documentos, ¿no?
○ ¡Imagínate!

● A la salida me gustaría que habláramos de un asunto confidencial.
○ ¿De qué se trata?
● Luego se lo cuento.

● A mí me parecía que era importante que todo el mundo supiera que nos íbamos a trabajar a Guadalajara pero el jefe de personal no opinaba así.
○ ¿Y por qué?
● Pues no lo sé muy bien pero tal vez se imaginaba que los compañeros protestarían por la decisión o que harían huelga o algo así.
○ No, no. Yo me refería a por qué os trasladaron a Guadalajara.
● ¡Ah! Porque acababan de crear una sucursal y querían que la dirigiéramos nosotros. Por nuestra experiencia, supongo.

● Y entonces nos comentaron que habían estado hablando con sus abogados y que estaban dispuestos a darnos un tanto por ciento bastante elevado. No recuerdo si el 13 ó el 14.

● Pues, por lo que dice todo el mundo, montar un bingo es un auténtico negocio.
○ Pues si realmente es así, vale la pena que lo pensemos seriamente. Invertir tenemos que invertir.
● Fíjate si es rentable que Ruiz Marcos, que tiene uno en Marbella desde hace dos años, vive de eso.
Δ Además abrir uno es relativamente fácil. Sólo necesitáis unos cuantos permisos y que un banco os conceda un crédito para la inversión inicial.

2. Se dice así

2.1. Juzgar, valorar

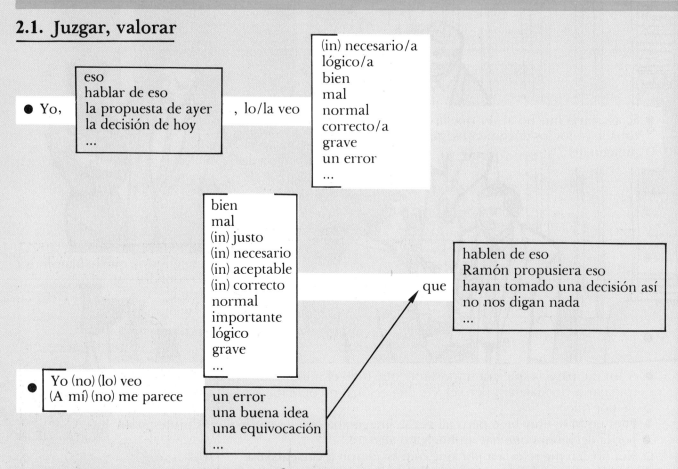

● Yo, | eso / hablar de eso / la propuesta de ayer / la decisión de hoy / ... | , lo/la veo | (in) necesario/a / lógico/a / bien / mal / normal / correcto/a / grave / un error / ...

● Yo (no) (lo) veo / (A mí) (no) me parece | bien / mal / (in) justo / (in) necesario / (in) aceptable / (in) correcto / normal / importante / lógico / grave / ... | un error / una buena idea / una equivocación / ... | que | hablen de eso / Ramón propusiera eso / hayan tomado una decisión así / no nos digan nada / ...

2.1.1. Sobre la normalidad de una información o acontecimiento

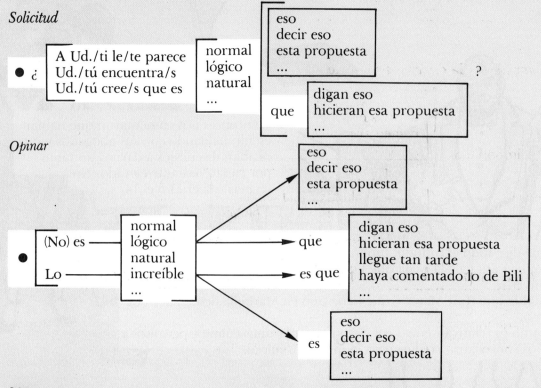

Solicitud

● ¿ | A Ud./ti le/te parece / Ud./tú encuentra/s / Ud./tú cree/s que es | normal / lógico / natural / ... | eso / decir eso / esta propuesta / ... | que | digan eso / hicieran esa propuesta / ... | ?

Opinar

● | (No) es / Lo | normal / lógico / natural / increíble / ... | | eso / decir eso / esta propuesta / ... |
que | digan eso / hicieran esa propuesta / llegue tan tarde / haya comentado lo de Pili / ... |
es que |
es | eso / decir eso / esta propuesta / ... |

2.1.2. Sobre la conveniencia de una actividad

Solicitud

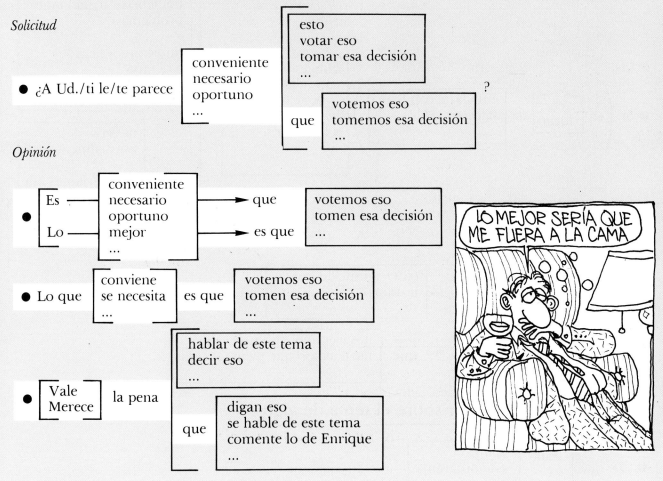

● ¿A Ud./ti le/te parece | conveniente / necesario / oportuno / ... | esto / votar eso / tomar esa decisión / ... | que | votemos eso / tomemos esa decisión / ... | ?

Opinión

● Es — conveniente / necesario / oportuno / mejor / ... / Lo — → que / → es que | votemos eso / tomen esa decisión / ...

● Lo que | conviene / se necesita / ... | es que | votemos eso / tomen esa decisión / ...

● Vale / Merece | la pena | hablar de este tema / decir eso / ... | que | digan eso / se hable de este tema / comente lo de Enrique / ...

2.1.3. Sobre la importancia de una actividad

● Me parece / Es | importante | hablar de este tema / decir eso / comentar lo de Enrique / ...

Lo importante es | que | digan eso / se hable de este tema / se comente lo de Enrique / ...

2.2. Mostrar interés por el contenido de una información anunciada

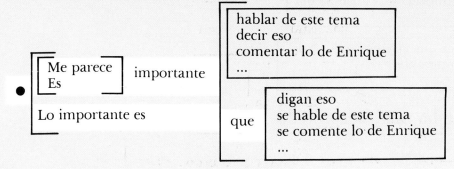

● Quiero comentarle una cosa / Tengo un grave problema / ...

○ ¿De qué se trata? / Sí, dime/dígame.

2.3.   Lamentarse o reprochar

- Si (en [vez / lugar] de enfadarte con Juan salir tan tarde ...) hubieras hablado con calma / hubieras salido a las ocho ... , no habríais tenido tantos problemas / hubiéramos llegado a tiempo ... / (ahora) os veríais normalmente / no estaríamos tan nerviosos ...

2.4.   Expresión de deseos

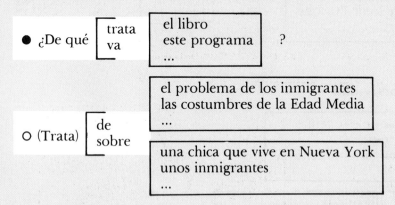

- Me/nos gustaría → tener un sueldo mejor / terminar a las cinco ...
- → que nos viéramos con más calma / me dijera lo que piensa de eso ...

2.5.   Preguntar/informar sobre el tema de algo

- ¿De qué [trata / va] el libro / este programa ...   ?

o (Trata) [de / sobre] el problema de los inmigrantes / las costumbres de la Edad Media ... / una chica que vive en Nueva York / unos inmigrantes ...

2.6.   Para indicar que se ha malinterpretado

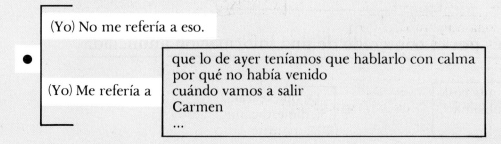

- (Yo) No me refería a eso.
- (Yo) Me refería a que lo de ayer teníamos que hablarlo con calma / por qué no había venido / cuándo vamos a salir / Carmen ...

2.7. Expresar hipótesis

● Me temo que | no van a venir
no hay solución
van a cerrar esta empresa
...

2.8. Preguntarse por las consecuencias de una hipótesis

● ¿Y si
Pongamos que
Supongamos que
Imaginemos que

| dice que sí
han decidido no venir
... | (?)

| dijera que sí
hubieran decidido no venir
... | (?)

(¿Qué hacemos?
¿Qué haríamos?
¿Cómo lo solucionamos?
¿Cómo lo solucionaríamos?
...)

2.9. Expresar condiciones

Condición indispensable

● | Firmaremos este contrato
Te dará un tanto por ciento de las ventas
... | siempre que
siempre y cuando | no cambien las condiciones
vendas más de 50.000 Pts.
...

Una condición que, si se produce, tendrá consecuencias negativas

● Como | no nos suban el sueldo
no vayas al médico
... | , | cada día viviremos peor
no se te pasará ese dolor de barriga
...

2.10. Interpretar las palabras de otro

● | O sea, que
Es decir que
Entonces | tú dices que votemos a favor
prefieres quedarte en casa
...

2.11. Para marcar un contraste

● | Carmen es una persona muy trabajadora
Esta empresa funciona de maravilla
...

○ Sí, | en cambio
mientras que | su marido es un vago
la de Jaén es un verdadero desastre
...

3. Y ahora tú

3.1.

Tú estás interesado en libros, películas y programas de T.V. españoles. Aquí tienes varios artículos periodísticos, pregúntale a tu compañero sobre el contenido de los mismos:

● tú
○ tu compañero

● *¿ De qué trata "Los vanos mundos"?*

○ *Sobre la juventud y la vida de cada día.*

● *¿ Y tú crees que vale la pena que lo lea?*

○ *Sí, si te gusta la poesía.*

LOS VANOS MUNDOS
Felipe Benítez Reyes. Colección Maillot Amarillo. Diputación Provincial de Granada. Granada, 1985. 62 páginas. 400 pesetas.
Nacido en Rota (Cádiz) en 1960, Felipe Benítez demuestra en este libro que es uno de los poetas jóvenes actuales más interesantes. Manteniendo la misma línea argumental de su anterior *Paraíso manuscrito* (1982), en este nuevo libro, muy bien trabado, ahonda en la reflexión sobre el tiempo, la juventud y la vida cotidiana. Con él se inicia una prometedora colección de poesía.

El tango
De Javier Barreiro. Ed. Júcar. Madrid, 1985. 238 páginas. 500 pesetas.
Barreiro ha antologado 116 tangos, casi todos ellos anteriores a 1935, fecha de la muerte de Gardel y de Le Pera, el último gran letrista. Se puede así acceder a un volumen que recoge las letras de los mejores tangos, apreciándose su cualidad de poemas perfectamente medidos y reglados, y que proporciona información útil sobre este género, mitad música mitad poesía.

'Buenos días' informará sobre lo ocurrido durante el sueño

Madrid

El programa informativo *Buenos días*, que abre las emisiones de TVE, de 7.30 a 9.00 de la mañana, pretende informar al telespectador de lo que ha sucedido en el mundo mientras dormía, según explicó su director, José Antonio Martínez Soler. La filosofía del espacio es que "todo el mundo tenga, cada media hora, un programa de noticias al que pueda acceder y una serie de informaciones y reportajes útiles".

Para la primera emisión de esta mañana está previsto, entre otras cosas, que intervengan varios parlamentarios europeos; Julián García Candau entrevistará a un deportista conocido, Elena Sánchez presentará un resumen de la jornada deportiva, en una conexión con Nueva York, Diego Carcedo hará un resumen del día transcurrido. Después, dibujos animados. Tras las noticias de las 8.00, Julio de Benito informará desde Guatemala. Seguirán informaciones útiles, como el pronóstico del tiempo y el estado de las carreteras.

A las 8.15 se realizará una conexión con el estudio de Telematin, en Francia, donde estarán emitiendo, y a las 8.20, con el programa de la BBC británica *Break Television*. A las 8.25, conexión con los centros autonómicos, que dan cinco minutos de noticias de sus comunidades. A las 8.30, tercer boletín de noticias. A las 9.00, conexión con Radio Nacional.

'Elegir una profesión', nuevo programa de TVE

Madrid

Charo González, directora y productora del espacio *Elegir una profesión*, que comienza a emitirse hoy, declara que el objetivo del programa es "que la gente tenga una idea clara de cómo se trabaja en una profesión: en la medida en que más información se tenga sobre determinado trabajo, la elección, una de las más importantes que debe tomar toda persona, será más libre".

Cada semana se tratará una profesión en profundidad. Comienza con una presentación general, seguida de un reportaje entre los estudiantes de la profesión a la que se dedica el programa, en el que se explica cómo se accede, dónde se estudia y en qué consiste la preparación. Se recogerán también testimonios de profesionales y especialistas que puedan orientar al interesado y ofrezcan todas las posibilidades de la ocupación.

Elegir una profesión se emite hoy, a las 19.00, por TVE-1.

Los orígenes ibéricos de la humanidad
Jorge María Rivero San José. Ediciones de Cámara. Madrid 1985. 125 páginas.
Este es el segundo libro del sorprendente autor de *Cantabria, cuna de la humanidad*, en la que propone la teoría de que los orígenes de nuestra cultura se localizan en los aledaños de la Sierra de Peña Sagra y de los Picos de Europa. Sus propuestas de interpretaciones toponímicas le permiten aventurar la hipótesis de que en Cantabria está el origen de numerosos topónimos que se extienden por todo el mundo. Lo íbero, con su origen cántabro, conformaría, según esta teoría, la matriz de la cultura universal, desde Grecia hasta Judea, desde Egipto hasta la península hindostánica.

C SE INFIEL Y NO MIRES CON QUIEN. Española. 1985. Color. Director: Fernando Trueba. Con Ana Belén, Carmen Maura y Antonio Resines. **Comedia.** Dos amigos que dirigen una editorial arruinada intentan contratar a una famosa autora de cuentos para evitar el desastre. Mientras, uno de ellos descubre una carta adúltera que es de su mujer, pero que cree pertenecer a la mujer de su socio. El lío que se origina es muy propio. (13). **Cataluña, Alex 2.**

3.2.

Pídele la opinión a tu compañero sobre lo que ha sucedido o sucede:

● tú
○ tu compañero

Se prohibirá la circulación de automóviles por el centro de la ciudad, donde vivís, a las horas punta.

● *¿A ti te parece lógico que se prohiba la circulación de coches por este barrio a las horas punta?*

○ *Pues la verdad, a mí me parece muy bien que no dejen pasar coches por aquí. Antes había unos embotellamientos horribles.*

1. Una de las empresas más importantes del país va a despedir a la mitad de sus trabajadores.
2. Es invierno y hace muchísimo calor.
3. Las familias sin hijos pagarán más impuestos que las familias con hijos.
4. Los gobiernos europeos quieren construir un nuevo modelo de avión de guerra.
5. Ricardo y Ana, unos amigos vuestros, se casaron hace dos meses y no se lo han dicho a nadie. Casualmente te has enterado esta mañana.
6. No te acordaste de devolver a un amigo tuyo unos libros que te había prestado y se ha enfadado contigo.

3.3.

Habla con tu compañero de sus intenciones

● tú
○ tu compañero

Pregúntale a tu compañero si va a:

```
comprar un piso
ir de vacaciones a las Rías Gallegas

seguir trabajando en el mismo sitio
dejarle a un amigo el apartamento este fin de
semana
comprar esa estantería de ahí
matricularse en unos cursillos de informática
```

Contéstale que lo harás si:

```
conseguir el crédito del banco
encontrar un apartamento barato cerca de la
playa
subir el sueldo
no ir tus padres el próximo viernes

caber en la habitación pequeña
haber plazas
```

● *¿Piensas comprarte el piso del que me hablaste el otro día?*

○ *Sí, siempre y cuando a mi mujer y a mí nos den el crédito que hemos pedido al banco.*

3.4.

Tu compañero y tú os encontráis en las siguientes situaciones. Te lamentas de algo y tu compañero reacciona excusándose, defendiendo su actuación o recordándote que la culpa no ha sido suya.

● tú
○ tu compañero

- ● Tu compañero está de mal humor porque ha dormido muy poco esta noche.
- ○ Tú le dijiste varias veces que se acostara pronto.

● *¿Ves? Si en vez de acostarte a las tantas te hubieras ido pronto a dormir, ahora estarías más animado.*

○ *Es que tenía mucho trabajo y tenía que terminarlo para hoy.*

1. ● Se os acaba de estropear el coche. La semana pasada hacía un ruido extraño pero no lo llevó al taller.
   ○ Tiene razón. No te acordaste de llevarlo a arreglar.
2. ● Al salir de casa después de comer has visto que estaba muy nublado. Le has dicho a tu compañero que cogiera el paraguas pero se ha olvidado. Llueve muchísimo y os estáis mojando.
   ○ El también tiene un paraguas y tampoco lo ha cogido.
3. ● Estáis en la caja de un supermercado y, al ir a pagar, os dais cuenta de que no tenéis suficiente dinero. Ayer tu compañero quería ir al banco a sacar dinero pero al final no fue.
   ○ No fuiste al banco porque te dio pereza y porque, además, como tu compañero no dijo nada, pensabas que él tenía bastante para pasar el día.
4. ● Anteayer tu compañero te esperaba en su casa para tomar unas copas. Tú querías ir porque te apetecía mucho verlo pero no tuviste tiempo.
   ○ Querías tomar unas copas con tu compañero o, si no, ir al cine. Como no te avisó, te quedaste toda la noche solo en casa sin poder salir porque lo estabas esperando.
5. ● Tu compañero está muy triste porque no le han dado un trabajo que le interesaba mucho. Solo se presentó a ese trabajo y, por eso, ahora no tiene ninguno.
   ○ Pensabas que te lo iban a dar. Además, el director te dijo que tenías muchas posibilidades. Por eso no buscaste más.
6. ● Llegas a casa de tu compañero y te dice que es su cumpleaños. Como no lo sabías, no le llevas ningún regalo.
   ○ No le dijiste nada porque sabes que le gusta hacer regalos aunque va mal de dinero.

3.5.

Tienes mucho interés en proponerle una serie de cosas a un amigo tuyo. Explícale qué te gustaría que hiciera:

● tú
○ tu compañero

Quieres invitarle a cenar a casa la próxima semana.

● *¿Tienes un minuto?*

○ *Sí, dime.*

● *Me gustaría que vinierais Ana y tú a cenar la próxima semana.*

1. Quieres comentarle algunos aspectos del informe que os ha entregado el jefe.
2. Un conocido vuestro ha estado diciendo por ahí algunas cosas sobre ti que son falsas. Quieres aclararlo.
3. Tu compañero es muy amigo del jefe de personal de una agencia de publicidad. Laura, una amiga tuya, está buscando trabajo.
4. Te apetece pasar las vacaciones con tu compañero y su familia. Tus niños se llevan muy bien con los suyos. Has alquilado una casa de campo muy grande.
5. Tienes mucho interés en conocer al Sr. Calvo de Coca. Es un buen abogado. Es socio de tu compañero.
6. Tu compañero sabe mucho de pintura. Acabas de comprarte unos cuadros y quieres su opinión.
7. El padre de tu amigo tiene unos libros que te interesan mucho. Tú no te atreves a pedírselos directamente.

3.6.

Eres propietario/a de uno de estos pisos. Hoy tenéis reunión de la comunidad de vecinos. Tú eres uno de ellos. Defiende bien tus intereses.

Reunión de vecinos de la comunidad de c/ Mar, 40.
ORDEN DEL DÍA:

1. Pintar la escalera y la fachada.
2. Cambiar el ascensor, es muy viejo.
3. Despedir a la portera y poner portero electrónico.
4. Subir la cuota mensual de la comunidad. Domiciliar los recibos.
5. Elegir nuevo presidente.
6. Ruegos y preguntas.

– matrimonio joven
– un hijo
– buena situación económica
– trabajan los dos hasta las tres
– no se llevan bien con la portera
– viven en el 1º, 3.ª

– casado
– sin hijos
– trabaja en un banco
– su esposa no trabaja
– se lleva mal con la portera
– le gusta mucho la limpieza
– vive en el 5.º, 2.ª

– vive sola
– dos niños
– trabaja todo el día
– buenas relaciones con la portera
– situación económica difícil
– vive en el 2.º, 2.ª

– matrimonio mayor
– jubilados
– a él le encanta pintar
– ella se pasa el día con la portera
– a él no le importaría ser presidente
– viven en el 3.º 1.ª
– no se llevan bien con los del 5.º, 2.ª

– joven soltero
– músico
– relaciones normales con la portera
– está muy poco en casa
– actual presidente
– vive en el 4.º, 3.ª

3.7.

Habla con tu compañero sobre los contrastes que véis en estos dibujos:

● tú
○ tu compañero

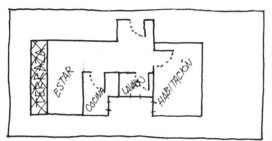 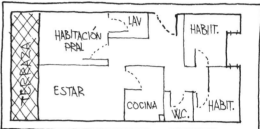

● *Este piso es ideal para nosotros.*

○ *Sí, mientras que éste otro es demasiado grande.*

LUCAS

SU HERMANO
GEMELO

CASA PINO

MESÓN LA MINA

LA SRA. LOLA

SU MARIDO

DETERGENTE
TRIS-TRAS

DETERGENTE
EL ETERNO

4. ¡Ojo!

4.1. Usos del subjuntivo: Valoración de acciones

Cuando no se especifica quién va a realizar la acción porque ya se sabe o porque no interesa, usamos:

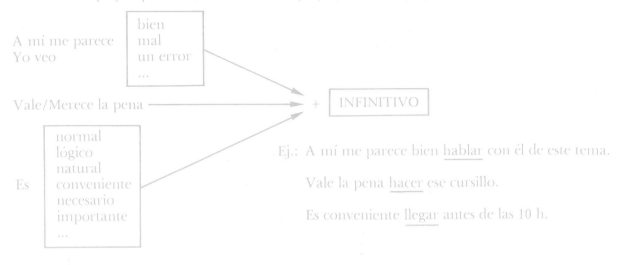

A mí me parece
Yo veo
| bien
| mal
| un error
| ...

Vale/Merece la pena ⟶ + INFINITIVO

Es
| normal
| lógico
| natural
| conveniente
| necesario
| importante
| ...

Ej.: A mí me parece bien hablar con él de este tema.

Vale la pena hacer ese cursillo.

Es conveniente llegar antes de las 10 h.

Cuando se especifica quién va a realizar la acción, utilizamos:

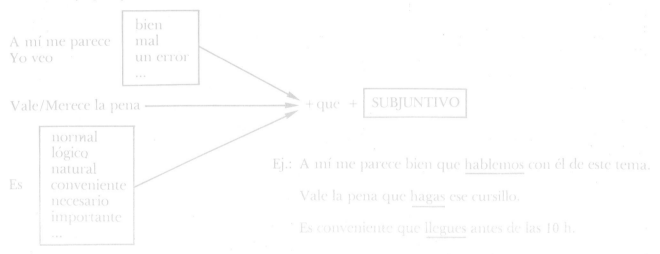

A mí me parece
Yo veo
| bien
| mal
| un error
| ...

Vale/Merece la pena ⟶ + que + SUBJUNTIVO

Es
| normal
| lógico
| natural
| conveniente
| necesario
| importante
| ...

Ej.: A mí me parece bien que hablemos con él de este tema.

Vale la pena que hagas ese cursillo.

Es conveniente que llegues antes de las 10 h.

4.2. Pluscuamperfecto de subjuntivo

HUBIERA
HUBIERAS
HUBIERA
HUBIÉRAMOS
HUBIÉRAIS
HUBIERAN

+

votado
ido
hecho
...

SI NOS HUBIÉRAMOS CONOCIDO HACE 40 AÑOS...

4.3. Condicional compuesto

| HABRÍA
HABRÍAS
HABRÍA
HABRÍAMOS
HABRÍAIS
HABRÍAN | + | votado
ido
hecho
... |

4.4. Usos del subjuntivo: condición no realizada en el pasado

Cuando nos referimos a acciones pasadas, no realizadas, pero que se podrían haber realizado, utilizamos:

Si + | PLUSCUAMPERFECTO DE SUBJUNTIVO | +

> PLUSCUAMPERFECTO DE SUBJUNTIVO
> ó
> CONDICIONAL COMPUESTO

> CONDICIONAL SIMPLE

Ej.: Si ayer hubiéramos ido a la reunión, hubiéramos/habríamos votado en contra.

(No fuimos y ya no podemos ir a esa reunión.) *(Ayer no votamos ni podemos votar ya.)*

Si hubieras ido al dentista la semana pasada, ahora no te dolería la muela.

(No fuiste al dentista.) *(Ahora te duele la muela.)*

4.5. Partículas condicionales

Cuando expresamos una condición en la que hay un matiz de amenaza o advertencia, usamos:

COMO + | SUBJUNTIVO |

Ej.: Como no venga antes de las 8 h., me voy.

Cuando lo que expresamos en la condición es indispensable que se cumpla para que se realice algo, usamos:

SIEMPRE QUE/SIEMPRE Y CUANDO + | SUBJUNTIVO |

Ej.: Compraremos ese terreno siempre que nos den facilidades de pago.

(Si, y solamente si, nos dan facilidades de pago, compraremos ese terreno.)

4.6. Usos del subjuntivo: gustaría

Gustaría + INFINITIVO

Ej.:Me gustaría ir al cine mañana.

(a mí)   (yo)

¿Te gustaría ir al cine mañana?

(a ti)   (tú)

Gustaría + que + IMPERFECTO DE SUBJUNTIVO

Ej.:Me gustaría que viniérais a cenar el sábado.

(a mí)   (vosotros)

¿Os gustaría que fuéramos a la Sierra juntos?

(a vosotros)   (nosotros)

4.7. Usos del subjuntivo: hipótesis

Cuando nos referimos a una acción que es muy posible que se realice, pero cuya realización no se desea, utilizamos:

Me temo que + INDICATIVO

Ej.: Me temo que van a llegar tarde.

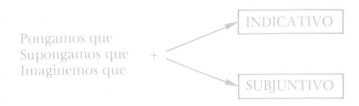

Pongamos que
Supongamos que + → INDICATIVO
Imaginemos que → SUBJUNTIVO

Acción pasada:

De más a menos probable

Acción presente o futura:

Ej.: Supongamos que ya han llegado...

Supongamos que hayan llegado...

Supongamos que hubieran llegado...

Ej.: Supongamos que vienen...

Supongamos que vengan...

Supongamos que vinieran...

5. Dale que dale

5.1.

Une las siguientes frases según el modelo:

Juanito se ha ido a vivir con unos amigos. A su edad es normal.

A su edad es normal que Juanito se haya ido a vivir con unos amigos.

1. La pequeña quiere jugar siempre con sus hermanos mayores. Es normal.

2. En Inglaterra Susi echa mucho de menos a sus amigos. Es natural.

3. Le bajaron el sueldo cuando comenzó a trabajar media jornada. Es lógico.

4. Eulalia no habla catalán, a pesar de haber nacido y vivido toda la vida en Cataluña. Es extraño.

5. Han podido reconstruir aquella iglesia que estaba prácticamente destruida. Es realmente increíble.

6. Ayer en el telediario no dijeron nada sobre el atentado en la Cafetería Sol. Es bastante raro.

7. Toda la familia estaba pendiente del resultado de su examen. Es lógico y natural.

8. Fina tiene muchísimo complejo de gorda. Con lo que pesa, es normal.

9. A los Antuña les han robado tres veces el piso. En la zona en la que viven, es extraño.

10. Cristina ha dejado de salir con Sergio. Con lo bien que se llevaban, es muy raro.

5.2.

¿Qué hubiera pasado si...?

Llegaste muy tarde al concierto.   Había comenzado y no te dejaron entrar.

Si hubieras llegado más temprano habrías podido entrar.

1. Los Cano no me preguntaron cómo era ese hotel.

   Fueron al hotel y el servicio era un desastre.

2. Te he llamado antes de ir a tu casa para ver si necesitabas algo. Me has dicho que nada.

   Ahora no tenemos ni pan ni vino para comer.

3. No le han concedido el crédito a Luis Antolín.

   No ha podido comprarse el piso

4. No llamaste a casa de tus padres.

   No te enteraste de la noticia.

5. Nos hemos levantado muy tarde.

   Ahora tenemos que coger un taxi. En autobús ya no llegamos.

6. No pagó el recibo de la luz.

   Se la han cortado esta mañana.

5.3.

Transforma las siguientes frases utilizando como o siempre que / siempre y cuando:

1. Estoy harta de hacer este trabajo. O me suben el sueldo o me voy.

2. Bien, de acuerdo, iremos a Canarias pero a lo mejor tenemos problemas para encontrar billetes de avión.

3. No vamos a discutir: hoy pagas tú las copas, pero la próxima vez pago yo.

4. Es imposible trabajar así. O apagas esa tele o me voy a volver loco.

5. Esta vez va en serio. O me paga lo que me debe o te aseguro que lo pongo en manos de un abogado.

6. Estupendo, cenamos juntos. Pero, ojo, nada de hablar de trabajo, ¿eh?

5.4.

Completa con infinitivo o con que + imperfecto de subjuntivo:

1. Me gustaría (VER-yo)——————— la última película de Pilar Miró.

2. Nos gustaría (VENIR-vosotros)——————— a jugar un partido de tenis el domingo por la mañana.

3. ¿Te gustaría (COMPRAR-tus padres)——————— una casa en el campo?

4. ¿Le gustaría señor Nuñez (LEER-yo)——————— el informe de la empresa Ran este fin de semana?

5. Me gustaría (PASAR - tú)——————— por mi nuevo despacho.

6. Me gustaría (TOMARSE-yo)——————— unas largas vacaciones.

7. ¿No me digáis que os gustaría (VIVIR-vosotros)——————— en una casa como ésta?

5.5.

Expresa hipótesis utilizando ¿Y si...?, Supongamos que..., etc.

Unos amigos tuyos han escrito diciéndote que a lo mejor vienen a verte dentro de unos días. Tú no tienes sitio en casa para alojarlos. Coméntaselo a tu compañero.

Supongamos que vinieran, ¿dónde los alojamos?

1. Tienes una entrevista para un trabajo. Normalmente eres muy tranquilo, pero... bueno, nunca se sabe.

_____

2. La portera de tu casa ha oído que se van a vender los pisos donde vivís. Tú en estos momentos no dispones de dinero para comprártelo.

_____

3. Has llevado el coche al taller y te han dicho que estará arreglado para el viernes. El fin de semana queréis ir a Cáceres en coche.

_____

4. La próxima semana queréis ir unos días al campo; pensáis coger el tren pero se habla en los periódicos de una posible huelga de trenes.

_____

5. Pensáis ir a comer a la playa el sábado. Es mejor tener previsto otro plan por si llueve.

6. Todo oídos

<u>**6.1.**</u>

Escucha las siguientes conversaciones y señala si es verdad o mentira:

		V	M
1.	No le parece justo.	☐	☐
2.	Cree que no era necesario hacer todo eso.	☐	☐
3.	Lo ve una buena idea.	☐	☐
4.	Lo vería como una equivocación no decirlo.	☐	☐
5.	Le parecía incorrecto el comportamiento del propietario.	☐	☐
6.	No le parece normal.	☐	☐
7.	Le parece ilógico.	☐	☐
8.	A uno la solución le parece inaceptable.	☐	☐
9.	Dividirlo entre todos lo ve claro; lo contrario le parecería injusto.	☐	☐
10.	Le parece que no vale la pena seguir buscando.	☐	☐

<u>**6.2.**</u>

Escucha las siguientes conversaciones y toma notas para poder contestar a las preguntas:

¿De qué hablan?	¿De qué (se) trata?
1. _____	_____
2. _____	_____
3. _____	_____
4. _____	_____
5. _____	_____
6. _____	_____
7. _____	_____
8. _____	_____

<u>**6.3.**</u>

Escucha las siguientes conversaciones y señala si están totalmente de acuerdo o no, o sólo en parte:

	acuerdo total	desacuerdo total	acuerdo parcial		acuerdo total	desacuerdo total	acuerdo parcial
1.	☐	☐	☐	7.	☐	☐	☐
2.	☐	☐	☐	8.	☐	☐	☐
3.	☐	☐	☐	9.	☐	☐	☐
4.	☐	☐	☐	10.	☐	☐	☐
5.	☐	☐	☐	11.	☐	☐	☐
6.	☐	☐	☐	12.	☐	☐	☐

<u>**6.4.**</u>

Reacciona.

7. Tal cual

Lee estos artículos o titulares y coméntalos con tu compañero:

Expedientados 11 bailarines del Ballet Nacional clásico

Algunos actuaron como chicas en una representación del conjunto en la República Federal de Alemania

ROGER SALAS, Madrid

Once bailarines del sector clásico del Ballet Nacional de España fueron expedientados ayer por lo que la dirección estima como "faltas muy graves" en su comportamiento profesional. Como resultado de este proceso puede haber un número elevado de despidos en la compañía. Entre las irregularidades figura la evidencia de que algunos de los expedientados actuaron como chicas en una de las actuaciones de la gira del Ballet Nacional por Alemania Occidental.

Los toreros optan por la huelga

J. V., Madrid

Los toreros españoles han acordado ir a la huelga a partir del próximo día 10, en protesta por la decisión de la Administración de suprimir su régimen especial de la Seguridad Social e incluirlos en el de autónomos. Esta decisión de los toreros podría acarrear la suspensión de las ferias de Castellón y Valencia.

La huelga fue acordada el lunes en Madrid por la asamblea de la Federación de Organizaciones Profesionales Taurinas a la que asistieron 200 toreros, en representación de todas sus categorías profesionales. CC OO anunció su adhesión, pero no así varios toreros afiliados a UGT, que son partidarios de su inclusión en el régimen general.

ANGEL BAHAMONDE, LUIS E. OTERO, PEDRO MARTINEZ MONTAVEZ, RAMON TAMAMES, SENEN FLORENSA, AMANDO DE MIGUEL, JOSE U. MARTINEZ y JOSEP OLIVER

Un mundo en crisis
De la prosperidad al paro

LA CRISIS QUE NOS PARO

Profesores españoles hacen huelga en Bélgica

■ Bruselas. – La mayoría de profesores españoles de enseñanza media y básica, destacados en Bélgica en comisión de servicio, protagonizaron ayer una huelga y un encierro en la agregaduría de Educación de la embajada de España, en protesta por su situación administrativa y salarial. Los profesores arguyen que no están equiparados con otros funcionarios y anunciaron que repetirán su movimiento tres veces por semana hasta conseguir que se ponga fin a una situación de "agravio comparativo".

Por discrepancias en el convenio entre la empresa y el SEPLA

Los pilotos de Iberia convocan una huelga de veinticuatro horas para el próximo 17 de mayo

Iberia provoca un caos espectacular

Los trabajadores de los aeropuertos decidieron en asamblea no respetar los servicios mínimos programados

Alrededor del 75 por ciento de la plantilla de Renfe fue a la huelga para exigir que se cumpla el convenio

Las colas en el aeropuerto barcelonés estuvieron sobradas de paciencia y de desesperación

8. Allá tú

9. Somos así... ¡qué le vamos a hacer!

"Para vivir", *Pablo Milanés*

—¿Sabes —la mano de Sagrario se posó en el cogote de Pablo— que no acepto el empleo de José María? A éste no le agrada y yo me someto. Quiero decir, que estamos de acuerdo.

—¿En no aceptar?

—Sí.

—Lástima... Te habría ido ese trabajo.

—Bueno..., encontraré otro parecido, ¿no? —como si hubiese estornudado de nuevo, se le enrojecieron las mejillas—. Me gustaría que me ayudases a explicárselo a José María.

—No faltaba más —dijo Pablo—. No tienes que inquietarte.

—Gracias. Quizá José María me lo ofreciese por amistad.

—También te lo ofrecía por amistad. Es lógico.

—También es lógico que a mí no me guste.

El gran momento de Mary Tribune,
Juan García Hortelano.

—En resumidas cuentas, que te quieres volver atrás y que me vas a denunciar. ¿Es eso?

—¿Tú crees que es eso lo que estoy diciendo?

—Pues sí, francamente. Eso es lo que vienes a decir, ¿no? Es eso, más o menos... Más o menos...

—O sea, que yo subo aquí para algo que tenía que hablar contigo, algo importante que quería hablarlo contigo, y lo que tú entiendes es que me vuelvo atrás...

—Bueno, sí... Sí, claro, eso viene a ser...

—No me estabas escuchando.

—¿Que no te estaba escuchando? Llevas aquí una hora, llevas aquí dos horas, no se cuánto tiempo ya a vueltas con lo mismo, y encima sales con que no te estaba escuchando...

—No me estabas escuchando.

—A lo mejor, no. Yo creía que sí. Lo siento.

El héroe de las mansardas de Mansard,
Alvaro Pombo.

¿Qué piden a los Reyes para el Nuevo Año?

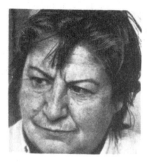

GLORIA FUERTES

"Me gustaría que me 'trajeran' tres cosas:
— Salud para mí.
— Salud para España.
— Salud para el mundo entero.
Para mí, la salud es sinónimo de paz, armonía, equilibrio..."

FERNANDO REY

"Me gustaría que me trajeran salud para mí y para los míos..., que no nos tengamos que hacer chequeos y esas cosas".

JOSÉ LUIS LÓPEZ VAZQUEZ

"Desearía la paz y la concordía para todos; la prosperidad y la avenencia entre la gente los pueblos y el mundo... La comprensión y la bondad".

LÉXICO

Este listado, dividido por unidades y presentado por orden alfabético, incluye palabras o expresiones que el alumno debe conocer.

Ha sido confeccionado a partir de los siguientes criterios:
- se señala la página en que la palabra o expresión aparece por primera vez.
- se han excluido todas aquellas partículas cuyo significado está totalmente determinado por el contexto.
- de la selección se han eliminado los documentos auténticos de los ejercicios y del **Tal cual**, los textos grabados de **Todo oídos** y de **Somos así...** por considerar que el léxico se presentará en función de los intereses del grupo.
- no se han incluido todas aquellas palabras que aparecen en **Para Empezar A** y **B** y en **Esto Funciona A.**

UNIDAD 6

a consecuencia de, 126
a punto de, 135
agotado, 137
agradecer, 126
aguantar, 126
aire, 126
al menos, 127
alejado, 132
ambulancia, 134
análisis, 133
animarse, 127
aniversario de bodas, 134
apendicitis, 134
apetito, 142
apretar, 142
arreglarse, 129
ataque de corazón, 127
bajar / subir la fiebre, 140
barriga, 134
caída, 134
cargo, 139
convencer, 142
curado, 126
dar de alta/baja, 127
dar miedo, 129
dar pena, 132
darle vueltas (a algo), 127
daño, 128
de pronto, 127
Director General, 139
distraerse, 126
dolor, 127
dolores, 128
en ayunas, 126
en obras, 134
en peligro (estar), 136
es mejor, 137
es probable, 137
eso espero, 129
espalda, 133
favor, 126
hacer efecto, 126

hacer falta, 126
hacerse daño, 127
herida, 126
hondo, 126
imaginarse, 126
informado (estar), 140
ingresar en, 134
insistir, 142
intentar, 130
inyección, 126
madera, 134
mala cara (tener), 132
marcharse, 135
marearse, 132
mejorar, 143
mejorarse, 131
miedoso, 126
molestias, 128
monte, 141
morirse, 127
moverse, 126
náuseas, 126
obtener, 141
¡ojalá!, 127
operación, 127
oscuridad, 129
ostra, 134
paga y señal, 140
pálido, 132
pelearse, 132
permiso, 141
pinchazo, 126
ponerse boca abajo/ arriba, 126
por supuesto, 130
posiblemente, 137
probablemente, 126
procurar, 127
propietario, 133
publicado, 140
Puente Aéreo, 140
punta, 133
punto (quirúrgico), 127
rabia, 142
relajarse, 131
resfriarse, 127
respirar, 126
resultado, 133
sentir, 127

suerte que, 126
sueño, 132
supositorio, 126
susto, 127
taparse, 127
tener cuidado con, 130
tener miedo (de), 129
tijeras, 130
tranquilizarse, 129
trompeta, 140
trozo, 134
tumbarse, 126
urgencias, 134
valer la pena, 130
vendedor, 142
vomitar, 134
yeso, 134

UNIDAD 7

a mano, 163
a máquina, 163
a plazos, 150
al contado, 148
aceite (de motor), 149
adaptarse, 154
adelante, 157
apagar, 157
aparcar, 149
apenas, 149
arrancar, 149
atrás, 157
aumento, 162
batería, 149
botón (de un aparato), 153
cadena (de T.V.), 164
caerse, 161
cafetera, 148
calculadora, 157
calcular, 157
cálculo, 157
cantidad, 163
carburador, 162
carrete, 157
cerámica, 163
cinta, 157

club, 163
colgar, 158
colocar, 157
comentar, 157
comprador, 163
con tal de que, 148
conectar, 157
conseguir, 165
correr (un carrete), 157
correr prisa, 149
cosa, 148
de paso, 149
descuento, 148
desenroscar, 157
desmontar, 153
detalle, 148
diferencia, 149
dispuesto, 163
distancia, 157
dividir, 157
doble fila, 149
electrodomésticos, 158
en caso de (que), 148
encender, 157
enchufar, 153
enchufe, 158
engordar, 154
enroscar, 157
excepto que, 150
fabricar, 149
factura, 148
filtro, 157
fuego, 157
función (espectáculo), 158
garantía, 149
graduar, 148
importación, 152
indicar, 157
instrucciones, 157
instrucciones (libro de), 149
intransigente, 166
lavadora, 166
ligero, 149
mal/bien pagado, 153
marca, 148

melón, 164
meter, (157)
modelo, 149
mojarse, 166
motor, 150
multiplicar, 157
objetivo (de una cámara), 157
olla, 151
pararse, 149
pasar (un carrete), 157
paso a paso, 157
perejil, 155
perfeccionar, 151
pieza, 150
plancha, 148
plato (primer/ segundo), 151
plegable, 152
pleno, 164
por ciento, 148
postre, 151
práctico, 149
prestar, 157
probable, 159
puesta a punto, 149
puestos a, 149
quemarse, 150
recambio, 150
recibir, 163
reclamar, 166
resistente, 152
restar, 157
revisar, 149
servicio técnico, 148
sin falta, 149
sin ir más lejos, 149
sobre todo, 149
sostener, 149
suceder, 165
sueldo, 162
sugerir, 154
sumar, 157
tal como, 149
tecla, 157
toser, 154
transportar, 149
válida, 166
velocidad, 148

ÍNDICE

UNIDAD 10. ¿Y A USTEDES LES PARECE NORMAL?